定期テスト ズバリよくでる　英語 | 2年　光村図書版　Here We Go!

もくじ

JN078025

取り外してお使いください　赤シート＋直前チェックBOOK,別冊解答

※全国の定期テストの標準的な出題範囲を示しています。学校の学習進度とあわない場合は、「あなたの学校の出題範囲」欄に出題範囲を書きこんでお使いください。

Step 1 | **基本チェック** : **Unit 1 Hajin's Diary ～ Active Grammar 1**

5分

■ 赤シートを使って答えよう！

❶ [動詞の過去形]

解答欄

☐❶ I [study / studies / studied] math yesterday.

❶ _____

☐❷ We [was / were / are] happy last Sunday.

❷ _____

❷ [過去進行形]

☐❶ I [was / am] taking a bath at eight last night.

❶ _____

☐❷ [Are / Were] they dancing at three yesterday?

❷ _____

❸ [接続詞 when]

☐❶ 彼は10歳のとき，名古屋に住んでいました。

❶ _____

He lived in Nagoya [when] he was ten years old.

☐❷ 私は暇なとき，ギターをひきます。

❷ _____

[When] I'm free, I play the guitar.

POINT ··

❶ [動詞の過去形]：過去のことを言うときは動詞の過去形を使う。

①一般動詞：規則動詞(語尾に -(e)dを付ける)と不規則動詞がある。

・I visited my grandparents. ［私は私の祖父母を訪ねました。］

・I went to Busan. ［私はプサンへ行きました。］

②be動詞：was (am, isの過去形)，were (areの過去形)

・How was your trip to Korea? ［韓国への旅行はどうでしたか。］

・They were all interested in Japan. ［彼らはみんな日本に興味を持っていました。］

❷ [過去進行形]

①過去のある時点でしている最中だったことを言うときは〈was[were] ＋動詞の -ing形〉で表す。

②疑問文は was[were]を主語の前に置き，否定文は was[were]の後に notを置く。

・What were you doing here? — I was studying Japanese.

［あなたはここで何をしていましたか。—私は日本語を勉強していました。］

❸ [接続詞 when]

①２つの文をつないで「〜のとき…」と言うときは〈when ＋主語 ＋動詞 ─〉で表す。

②when 〜を文の前半に置くときは，コンマを入れる。

・When I was studying there, Eri came by.＝Eri came by when I was studying there.

［私がそこで勉強していたとき，絵里が立ち寄りました。］

Step 2 予想問題 · **Unit 1 Hajin's Diary ~ Active Grammar 1**

⏱ **30分** (1ページ10分)

❶ 次の❶～❹は意味を日本語で書き，❺～❿は英語にしなさい。

□❶ sunny （　　　　　） □❷ cloudy （　　　　　）

□❸ order （　　　　　） □❹ nervous （　　　　　）

□❺ 夜 ＿＿＿＿＿ □❻ 贈り物, 土産物＿＿＿＿＿

□❼ 番組 ＿＿＿＿＿ □❽ 夕方, 晩 ＿＿＿＿＿

□❾ ラジオ ＿＿＿＿＿ □❿ 怒った, 腹を立てた＿＿＿＿＿

💡**ヒント**

❶
❶❷天候を表す語。
❻presentも「贈り物」を表す。

❷ 次の各組の下線部の発音が同じなら〇を，異なるなら×を書きなさい。

□❶ { want**ed** / play**ed** } （　　　）

□❷ { talk**ed** / lik**ed** } （　　　）

□❸ { awes**o**me / c**oa**ch } （　　　）

❷
❶❷ -(e)dの発音は[d], [t], [id]の3つ。

❸ 次の文の（　）内から適切な語（句）を選び，〇で囲みなさい。

□❶ My sister (take, took, takes) these pictures last year.

□❷ Did Ken study English? — Yes, he (did, does, was).

□❸ Were you at home yesterday? — Yes, I (did, were, was).

□❹ Tom was (cleaned, cleans, cleaning) his room then.

□❺ When I visited my grandma, she (bakes, is baking, was baking) a cake.

点UP

❸
❶ ❌**ミスに注意**
last ~「この前の, 昨~, 先~」
❷❸Did ~?, Were ~?への答え方。
❹前のwasに注意。
❺前半の動詞visitedに注意。

❹ 次の対話文の□に適切な文を下から選び，記号を〇で囲みなさい。

□❶ *A:* You and I are in the same class this year.
  B: Yes. □
  ⑦ Why not?　　④ Isn't it great?　　⑦ What's this?

□❷ *A:* You're a good singer. Please sing this song for us.
  B: OK. □
  ⑦ What an honor!　　④ Sorry.　　⑦ How about you?

□❸ *A:* English is hard. Ms. White is strict.
  B: □ But her class is fun.
  ⑦ That's a good idea.　　④ Thank you.　　⑦ I know.

❹
❶同意を求める。
❷感動を強調する文「なんて~なんだ」。

●2つの感嘆文
・How ~!:
　~は形容詞・副詞。
・What (a[an])~!:
　~は名詞。

❸同意を示す。

❺ 次の日本語に合う英文になるように，＿＿に適切な語を書きなさい。

❶ 久しぶりですね。

＿＿＿＿＿＿＿ time ＿＿＿＿＿＿ see.

❷ そこにいたんだ。

＿＿＿＿＿＿＿ you ＿＿＿＿＿＿！

❸ 私はいつも母に助けを求めます。

I always ask my mother ＿＿＿＿＿＿ ＿＿＿＿＿＿.

❹ 後でちょっと立ち寄ってください。

Please ＿＿＿＿＿＿ ＿＿＿＿＿＿ later.

❺ 私は自分一人で昼食を料理しました。

I cooked lunch ＿＿＿＿＿＿ ＿＿＿＿＿＿.

❺
❶しばらく会わなかった人との挨拶。
❷探していた人を見つけたときなどに言う。
❺「〜自身」という意味の語を使う。

❻ 次の文を（　）内の指示にしたがって書き替えるとき，＿＿に適切な語を書きなさい。

❶ I buy a Christmas present. （文末にlast weekを加えて）

I ＿＿＿＿＿＿ a Christmas present last week.

❷ They rode a roller coaster. （疑問文に）

＿＿＿＿＿＿ they ＿＿＿＿＿＿ a roller coaster?

❸ Yuki ate sweets with her sister. （否定文に）

Yuki ＿＿＿＿＿＿ ＿＿＿＿＿＿ sweets with her sister.

❹ Was the book interesting? （Noで答える文に）

No, ＿＿＿＿＿＿ ＿＿＿＿＿＿.

❺ Tom wrote a letter. （過去進行形の文に）

Tom ＿＿＿＿＿＿ ＿＿＿＿＿＿ a letter.

❻ Did you swim at the beach? （過去進行形の疑問文に）

＿＿＿＿＿＿ you ＿＿＿＿＿＿ at the beach?

❼ We were playing basketball at four. （否定文に）

We ＿＿＿＿＿＿ ＿＿＿＿＿＿ basketball at four.

点UP ❽ He was reading a newspaper then.

（下線部をたずねる疑問文に）

＿＿＿＿＿＿ ＿＿＿＿＿＿ he ＿＿＿＿＿＿ then?

❻
❶last week「先週」
❷❸不規則動詞の過去形を使った文を書き替える。
❺〜❼過去進行形〈was[were]＋動詞の-ing形〉の文。

●過去進行形の疑問文・否定文
・疑問文：〈Was[Were]＋主語＋動詞の-ing形 〜?〉
・否定文：〈主語＋was[were] not＋動詞の-ing形 〜?〉

❽疑問詞で始める。

7 次の英文を日本語にしなさい。

☐ ❶ I made dinner with my father last night.

(　　　　　　　　　　　　　　　　　　　　　　　　　　　　)

☐ ❷ Where were you in the evening?

(　　　　　　　　　　　　　　　　　　　　　　　　　　　　)

☐ ❸ When I was walking my dog, I saw the cat.

(　　　　　　　　　　　　　　　　　　　　　　　　　　　　)

点UP ☐ ❹ I was a little surprised when I heard her voice.

(　　　　　　　　　　　　　　　　　　　　　　　　　　　　)

8 次の日本語に合う英文になるように，（　）内の語(句)や符号を並べ替えなさい。

☐ ❶ あなたは6時に何をしていましたか。

(were / six / doing / what / you / at)?

_____?

☐ ❷ 私が彼女に会ったとき，彼女は怒っていました。

(angry / I / she / her / was / saw / when).

_____.

☐ ❸ 私は暇なときに，漫画雑誌を読みます。

(I'm / I / when / read / free / comic books / ,).

_____.

☐ ❹ 私たちのためにその歌を歌ってくれませんか。

(the song / you / us / can / sing / for)?

_____?

9 次の日本語を英文にしなさい。

☐ ❶ 彼女は午後に私の家に来ました。

_____

☐ ❷ 彼らはそのとき走っていました。

_____

☐ ❸ 彼女は学生だったとき，英語が好きでした。

_____

ヒント

Unit 1 Hajin's Diary ~ Active Grammar 1

7

❶動詞madeに注意。

❷ ✕ ミスに注意
be動詞は「(〜に)いる，ある」という意味もある。

❸❹〈when＋主語＋動詞 〜〉の部分を「…とき」と訳す。

8

❶疑問詞で始める過去進行形の疑問文。

❷❸接続詞whenを使う文。コンマがあるかないかに注意。

9

❶動詞は過去形を使う。

❷「そのとき〜していました」は過去進行形で表す。

❸「〜とき…」は2つの文をwhenでつなぐ。

Step 3 予想テスト : **Unit 1 Hajin's Diary ~ Active Grammar 1** 30分 目標 80点 /100点

❶ 次の日本語に合う英文になるように, ＿＿＿に入る適切な語を書きなさい。 知 15点 (各5点)

① 私は日記をつけています。

I ＿＿＿＿ a ＿＿＿＿.

② あなたは何を探していますか。

What are you ＿＿＿＿ ＿＿＿＿?

③ 私たちに指導してくれませんか。

＿＿＿＿ ＿＿＿＿ coach us?

❷ 次の日本語に合う英文になるように, ( )内の語(句)を並べ替えなさい。 知 15点 (各5点)

① 彼は3日前に友人とビデオチャットをしました。

(his friend / ago / with / had / he / three days / a video chat).

② 私はそのとき電話で話していませんでした。

(not / then / the phone / was / on / I / talking).

③ 私は不安なとき, 普通は兄に相談します。

(talk / I'm / I / when / with / nervous / usually / my brother).

❸ 次の対話文を読んで, あとの問いに答えなさい。 知 20点 (各5点)

A: ①(⑦ What ⑦ How) was your winter vacation?
B: It was wonderful. I ②(visit) my grandpa in Hokkaido. I went to a zoo with him.
A: ③(⑦ What ⑦ How) else?
B: I ④(see) the night view of Hakodate.

① ①, ③の( )内から適切な語を選び, 記号で答えなさい。

② ②, ④の( )内の語を適切な形にかえて書きなさい。

❹ 次の Hajin の日記の一部を読んで, あとの問いに答えなさい。 知 表 20点 (各5点)

After school, I went to the library. When I was studying there, Eri came by. ①(help / for / she / me / asked). It was about the basketball tournament. ②I'm ( ) ( ) it.

❶ 下線部①の（　）内の語を正しく並べ替えなさい。

❷ 下線部②が「私はそれについてわくわくしています。」という意味になるように，（　）に入る適切な語を書きなさい。

❸ 次の問いに（　）内の語数の英語で答えなさい。

　　ⓐ Where did Hajin go after school? （5語）

　　ⓑ Was Hajin playing basketball when Eri came by? （3語）

❺ **次の問いにあなた自身の立場で，3語以上の英文で答えなさい。** 表　　30点（各10点）

❶ Did you read any books during the spring vacation?

❷ What time did you get up this morning?

❸ What were you doing at nine last night?

❶	❶		❷		
	❸				
❷	❶				.
	❷				.
	❸				.
❸	❶ ①	③	❷ ②	④	
❹	❶				.
	❷				
	❸ ⓐ				
	ⓑ				
❺	❶				
	❷				
	❸				

Step 1 基本チェック · Unit 2 Basketball Tournament ～ Daily Life 1

5分

■ 赤シートを使って答えよう！

❶ [動名詞（動詞の -ing形）]

解答欄

☐❶ I like [sing / singing].

❶ ＿＿＿＿＿＿

☐❷ He's good at [playing / plays] soccer.

❷ ＿＿＿＿＿＿

❷ [不定詞〈名詞的用法〉]

☐❶ I want [eating / to eat] pizza.

❶ ＿＿＿＿＿＿

☐❷ My goal is [to be / to being] an astronaut.

❷ ＿＿＿＿＿＿

❸ [接続詞that]

☐ 私は彼(かれ)の考えはいいと思います。

＿＿＿＿＿＿

I think [that] his idea is nice.

POINT

❶ [動名詞（動詞の -ing形）]

「～すること」という意味で名詞と同じような働きをする動詞の -ing形を動名詞という。

・I don't like playing basketball. ［私はバスケットボールをすることが好きではありません。］
　　　　　　　└動詞の後ろに置かれる

・I'm not good at passing the ball. ［私はボールをパスすることが上手ではありません。］
　　└主語　　　　└前置詞の後ろに置かれる

・Passing the ball isn't easy. ［ボールをパスすることは簡単ではありません。］

❷ [不定詞〈名詞的用法〉]

〈to＋動詞の原形〉を不定詞という。動名詞と同じように「～すること」という意味で名詞と同じような働きをすることがある。　※〈want to＋動詞の原形〉＝「～することを望む」→「～したい（と思う）」

・Hajin wants to shoot. ［ハジンはシュートしたいと思っています。］
　動詞の後ろに置かれる┘　　┌補語

・The important thing is to pass the ball to Hajin. ［大切なことはハジンにボールをパスすることです。］

❸ [接続詞that]

I thinkなどの後ろに接続詞のthatを使って文をつなげることができる。このthatはよく省略される。that以下は〈主語＋動詞 ～〉の文の形で，「（～する）ということ」という意味になる。

・I think (that) you did a great job. ［私は，あなたたちはすばらしい仕事をしたと思います。］
　　　　　　　　〈主語＋動詞 ～〉

・I'm sure (that) you like playing basketball now. ［私は，きっとあなたは今はバスケットボールをすることが好きだと思います。］
　　　　　　　　〈主語＋動詞 ～〉

Step 2 予想問題 Unit 2 Basketball Tournament ～ Daily Life 1

30分
(1ページ10分)

❶ 次の❶～❻は意味を日本語で書き，❼～⓬は英語にしなさい。

 ヒント

□❶ more （　　　　　　　）　　□❷ job （　　　　　　　）

□❸ scientist （　　　　　　　）　　□❹ problem （　　　　　　　）

□❺ recently （　　　　　　　）　　□❻ castle （　　　　　　　）

□❼ 難しい，困難な＿＿＿＿＿＿　□❽ 簡単な，容易な＿＿＿＿＿＿

□❾ 重要な，大切な＿＿＿＿＿＿　□❿ 医者 ＿＿＿＿＿＿

□⓫ こと，もの ＿＿＿＿＿＿　□⓬ （長編）小説 ＿＿＿＿＿＿

❶
❸ science にたずさわる人を表す語。
❺ 時期を表す副詞。
❼ hard も同様の意味を表す。

❷ 次の語で最も強く発音する部分の記号を答えなさい。

□❶ in-ter-pret-er
　　ア　イ　ウ　エ
　　　　　　　（　　　　）

□❷ po-lice
　　ア　イ
　　　　（　　　　）

❸ 次の文の（　）内から適切な語（句）を選び，〇で囲みなさい。

□❶ I want (buy, buying, to buy) a new bicycle.

□❷ We enjoyed (play, playing, to play) video games.

□❸ She is good at (draw, drawing, to draw) flowers.

□❹ (Keep, To keep, To keeping) your promise is important.

□❺ My hobby is (take, taking, to taking) pictures.

❸
❶ want の後ろに続くもの。
❷ enjoy の後ろに続くもの。
❸ ✕ ミスに注意
前置詞の後に不定詞は使わない。
❹ 主語となる部分。
❺ 補語となる部分。

❹ 次の対話文の □ に適切な文を下から1つずつ選び，記号で答えなさい。

□❶ A: You look nervous. □　　　　　　（　　）
　　B: Yeah. The soccer tournament is next week.

□❷ A: Now I can write 100 *kanji*!　　　　（　　）
　　B: □ You study Japanese every day. You're great.

□❸ A: *Kendama* is fun and easy. Let's do it.　　（　　）
　　B: OK. But I need some practice. □
　　㋐ Please show me.　　㋑ What's wrong?
　　㋒ Don't worry.　　㋓ Congratulations!

❹
❶ いつもと違う様子の人にかける言葉。
❷ 成功・幸福などを祝ってかける言葉。

ヒント

❺ 次の日本語に合う英文になるように，＿＿に適切な語を書きなさい。

□❶ 最善を尽くしなさい。

＿＿＿＿＿＿ your ＿＿＿＿＿＿.

□❷ 私は早く起きようと努力しました。

I tried ＿＿＿＿＿＿ ＿＿＿＿＿＿ up early.

□❸ 私はコーチのおかげで速く泳ぐことができます。

I can swim fast ＿＿＿＿＿＿ ＿＿＿＿＿＿ my coach.

□❹ 私はあなたを誇りにしています。

I'm ＿＿＿＿＿＿ ＿＿＿＿＿＿ you.

□❺ 彼らはただ練習が必要なだけです。

They just ＿＿＿＿＿＿ some ＿＿＿＿＿＿.

□❻ あなたはどんな種類の本が好きですか。

What ＿＿＿＿＿＿ ＿＿＿＿＿＿ books do you like?

□❼ やったね。

You ＿＿＿＿＿＿ it!

□❽ (電話で)こちらはアキラです。

＿＿＿＿＿＿ ＿＿＿＿＿＿ Akira.

□❾ (電話で)トムさんに代わっていただけますか。

May ＿＿＿＿＿＿ ＿＿＿＿＿＿ to Tom, please?

❻ 次の文を( )内の指示にしたがって書き替えるとき，＿＿に適切な語を書きなさい。

□❶ Ken watches TV. (「～したいと思っている」という意味の文に)

Ken ＿＿＿＿＿＿ ＿＿＿＿＿＿ ＿＿＿＿＿＿ TV.

□❷ My brother likes riding a bicycle. (ほぼ同じ内容の文に)

My brother likes ＿＿＿＿＿＿ ＿＿＿＿＿＿ a bicycle.

□❸ Jane and I had dinner together yesterday. We enjoyed that.
(ほぼ同じ内容の１文に)

Jane and I ＿＿＿＿＿＿ ＿＿＿＿＿＿ dinner together yesterday.

□❹ Winter is the best season. (「私は～だと思う」という意味の文に)

＿＿＿＿＿＿ ＿＿＿＿＿＿ ＿＿＿＿＿＿ is the best season.

❺
❶命令文の形。動詞do を使う。
❷triedはtryの過去形。
❸「～のおかげで」と感謝の対象を表す。
❹前置詞に注意。
❺someの後は名詞。
❻kind「種類」を使う。
❼決まり文句として覚える。
❽❾電話での会話表現。

❻
❶～❸動詞の目的語の「～すること」を使い分ける。

●目的語の使い分け
①likeなど：動名詞と不定詞のどちらも
②enjoyなど：動名詞だけ
③wantなど：不定詞だけ

❼ 次の英文を日本語にしなさい。

☐ **❶** My mother likes painting pictures.

(　　　　　　　　　　　　　　　　　　　　　　　)

☐ **❷** He tried to shoot, and it worked.

(　　　　　　　　　　　　　　　　　　　　　　　)

☐ **❸** I'm sure you can do it.

(　　　　　　　　　　　　　　　　　　　　　　　)

☐ **❹** I don't think this is a good idea.

(　　　　　　　　　　　　　　　　　　　　　　　)

☐ **❺** The important thing is to practice every day.

(　　　　　　　　　　　　　　　　　　　　　　　)

❽ 次の日本語に合う英文になるように，（ 　）内の語(句)を並べ替えなさい。

☐ **❶** あなたは何時に会いたいですか。

(meet / time / to / do / what / you / want)?

_____?

☐ **❷** ラジオを聞くことは楽しいです。

(fun / the radio / is / to / listening).

_____.

☐ **❸** あなたは彼が教師だということを知っていますか。

(know / he / a teacher / that / you / do / is)?

_____?

❾ 次の日本語を（ 　）内の指示にしたがって英文にしなさい。

☐ **❶** 私はニューヨークに住みたいです。（wantを使って）

_____

☐ **❷** 私たちは野球をして楽しみました。（enjoyを使って）

_____

☐ **❸** 私と買い物に行ってくれませんか。（canを使って）

_____

☐ **❹** 私は，数学は難しいと思います。（thinkを使って）

_____

💡ヒント

❼
❶❷ 動詞の後の動名詞や不定詞は「～すること」という意味。
❸❹ 接続詞thatが省略されている。
❺ 不定詞が補語となっている。

❽
❶「何時に」という意味の疑問詞で始まる語句を使った疑問文。
❷ 文の主語が何かを考える。
❸ **❌ ミスに注意**
疑問文中であっても，〈that＋主語＋動詞～〉の語順は変わらない。

❾
❶ wantの後に「～に住むこと」を表す語句が続く。
❷ enjoyedの後に「野球をすること」を表す語句がくる。
❹「私は～だと思います。」＝I think (that)～. ～は文の形。

Unit 2 Basketball Tournament ~ Daily Life 1

Step 3 | **予想テスト** : **Unit 2 Basketball Tournament ～ Daily Life 1** ⏱ 30分 | /100点 目標80点

❶ 次の日本語に合う英文になるように，＿＿に入る適切な語を書きなさい。知 10点(各5点)

① あなたはどんな種類の映画を見ますか。 ＿＿＿＿ ＿＿＿＿ ＿＿＿＿ movies do you watch?

② 私は，きっとあなたはこの歌が好きだと思います。

＿＿＿＿ ＿＿＿＿ ＿＿＿＿ you like this song.

❷ 次の日本語に合う英文になるように，（　）内の語(句)や符号を並べ替えなさい。知
18点(各6点)

① 私は10歳のときに，教師になりたかったです。

When I was (wanted / years old / be / a teacher / ten / to / I / ,).

② 私の最も好きなことは鳥を観察することです。

My (birds / is / watch / favorite / to).

③ 私は，本を読むことはおもしろいと思います。

(reading / I / interesting / books / think / is).

❸ 次の電話での対話文を読んで，あとの問いに答えなさい。知 20点(各5点)

Ken: Hello.　①　　②(⑦ May I　④ Can you) speak to Ann, please?

Ann: Hi, Ken. This is Ann speaking.　③

Ken: I'm doing my English homework. It's not easy. ④(⑦ May I　④ Can you) help me?

Ann: Sure.

❶ ①，③の□に適切な文を次から１つずつ選び，記号で答えなさい。

⑦ Who is it?　④ What's up?　⑦ This is Ken.　⑤ Thanks.

❷ ②，④の（　）内から適切な語句を選び，記号で答えなさい。

❹ 次の対話文を読んで，あとの問いに答えなさい。知 表 32点(各8点)

Kota: ①I'm (passing / at / the ball / not / good).

Hajin: ②(　) (　). For beginners, passing the ball isn't easy.

Kota: Yeah.

Hajin: Don't worry. You just need some practice.

Kota: Right.

Hajin: The important thing is doing your best.

① 下線部①の（ ）内の語（句）を正しく並べ替えなさい。

② 下線部②が「問題ないよ。」という意味になるように，（ ）に入る適切な語を書きなさい。

③ Hajinは大切なことはどうすることだと言っていますか。日本語で答えなさい。

④ Hajinの発言の内容に合うものを次から１つ選び，記号で答えなさい。
　　㋐ Kotaはバスケットボールがとても上手だ。
　　㋑ ボールをパスすることは初心者には簡単ではない。
　　㋒ ボールをパスすることは練習しなくても簡単にできる。

❺ 次の問いにあなた自身の立場で，４語以上の英文で答えなさい。❶は（ ）内の指示にしたがうこと。表　　　20点（各10点）

① あなたがなりたい職業は何ですか。（wantを使って）

② 「理科は難しいと思う。」という意見を，あなたはどう思いますか。

❶	①				
	②				
❷	① When I was				.
	② My				.
	③				.
❸	① ①	③	❷ ②	④	
❹	① I'm				.
	②				
	③			④	
❺	①				
	②				

| Step 1 | 基本チェック | Unit 3 Plans for the Summer ～ Active Grammar 3 | 5分 |

赤シートを使って答えよう！

❶ [be going to ＋動詞の原形]

解答欄

☐ ❶ I'm [going / go] to practice tennis tomorrow.   ❶ _____

☐ ❷ [Do / Are] you going to have a party?   ❷ _____

❷ [助動詞 will]

☐ ❶ 私はそこであなたを出迎えましょう。 I [will] meet you there.   ❶ _____

☐ ❷ 明日は晴れるでしょうか。 Will it [be] sunny tomorrow?   ❷ _____

❸ [接続詞 if]

☐   [If / But] you are busy, we can help you.   _____

POINT

❶ [be going to ＋動詞の原形]

「〜するつもりです」と前から準備を進めていることを言うときは，〈be going to ＋動詞の原形〉で表す。疑問文はbe動詞を主語の前に置き，否定文はbe動詞の後にnotを置く。

・I'm going to visit my cousins in Okinawa.   [私は沖縄のいとこたちを訪ねるつもりです。]
　　└ 使い分ける　└ 動詞の原形　　　　　　　　　　　　　　　└ be動詞を使って答える

・Are you going to visit your cousins? — Yes, I am. / No, I'm not.

[あなたはいとこたちを訪ねるつもりですか。―はい，訪ねるつもりです。／いいえ，訪ねるつもりではありません。]

・He is not going to visit his cousins.   [彼はいとこたちを訪問するつもりではありません。]

❷ [助動詞 will]

「〜しましょう，〜しようと思います」という意志や，「〜でしょう」という推測など未来のことについて言う場合，〈will ＋動詞の原形〉で表す。疑問文はwillを主語の前に置き，否定文はwillの後にnotを置く。

・It will be a hot summer.   [暑い夏になるでしょう。]
　　└ 動詞の原形　　　　　　　　　　　　　　　　　　└ willを使って答える
　　　　　　　　　　　　　　　　　　　　　　　won't ＝ will not の短縮形

・Will it be a hot summer? — Yes, it will. / No, it won't.

[暑い夏になるでしょうか。―はい，なるでしょう。／いいえ，ならないでしょう。]

・It will not be sunny tomorrow.   [明日は晴れないでしょう。]

❸ [接続詞 if]

「もし〜なら(ば)」という条件を表すときは，〈if ＋主語＋動詞 ...〉で表す。

・If you're hungry, we can go for a pizza. ＝ We can go for a pizza if you're hungry.
　└「もし〜なら(ば)」　└ if 〜が文の前半のとき　[もしあなたが空腹なら，ピザを買いに行くことができます。]

Step 2 予想問題 · Unit 3 Plans for the Summer ~ Active Grammar 3

30分
(1ページ10分)

❶ 次の❶〜❻は意味を日本語で書き, ❼〜⓬は英語にしなさい。

💡ヒント

- ☐ ❶ wind （　　　　　）
- ☐ ❷ rain （　　　　　）
- ☐ ❸ clothes （　　　　　）
- ☐ ❹ borrow （　　　　　）
- ☐ ❺ information （　　　　　）
- ☐ ❻ laugh （　　　　　）
- ☐ ❼ 〜を終える ＿＿＿＿＿
- ☐ ❽ 明日(は) ＿＿＿＿＿
- ☐ ❾ 〜を信じる ＿＿＿＿＿
- ☐ ❿ Ｅメール ＿＿＿＿＿
- ☐ ⓫ 車で行く ＿＿＿＿＿
- ☐ ⓬ ピザ ＿＿＿＿＿

❶
❶❷天候を表す名詞。
❸複数扱いの名詞。
⓫「車を運転する」という意味もある。日本語でも使われる。

❷ 次の語で最も強く発音する部分の記号を答えなさい。

- ☐ ❶ ar-rive
　　　ア　イ
　　　　　（　　　）
- ☐ ❷ pas-sen-ger
　　　ア　イ　ウ
　　　　　　（　　　）
- ☐ ❸ air-port
　　　ア　イ
　　　　　（　　　）
- ☐ ❹ for-get
　　　ア　イ
　　　　　（　　　）

❸ 次の文の（　）に適切な語(句)を下から選び, 記号を○で囲みなさい。

❸
❶going toに注目。
❷be going toの後の動詞の形に注意。
❸willはcanなどと同じ助動詞の仲間。
❹ ✗ ミスに注意
　if〜は未来の内容でも現在形で表す。
❺be going toの疑問文の答え。
❻willを使った疑問文の答え。

- ☐ ❶ I （　　）going to play basketball next Saturday.
　㋐ am　　㋑ are　　㋒ be
- ☐ ❷ Ann is going to （　　）her friend in Osaka tomorrow.
　㋐ visiting　　㋑ visits　　㋒ visit
- ☐ ❸ It will （　　）hot today.
　㋐ be　　㋑ is　　㋒ being
- ☐ ❹ If you （　　）free after school, let's go shopping.
　㋐ are　　㋑ will　　㋒ are going
- ☐ ❺ *A:* Is your sister going to work abroad next year?
　B: Yes, she （　　）.
　㋐ is　　㋑ are　　㋒ will
- ☐ ❻ *A:* Will you clean your room in the afternoon?
　B: No, I （　　）.
　㋐ am　　㋑ will　　㋒ won't

Unit 3 Plans for the Summer ~ Active Grammar 3

❹ 次の日本語に合う英文になるように，＿＿に適切な語を書きなさい。

□ ❶ あなたは次の土曜日に何か予定はありますか。

Do you have ＿＿＿＿＿＿ ＿＿＿＿＿＿ next Saturday?

□ ❷ 私はおなかがぺこぺこなので，まっすぐ家に帰ります。

I'm ＿＿＿＿＿＿, so I'll go ＿＿＿＿＿＿ home.

□ ❸ 彼（かれ）に手紙を書いたらどうですか。

Why ＿＿＿＿＿＿ ＿＿＿＿＿＿ write a letter to him?

□ ❹ あなたはケンの家に滞在（たいざい）しましたか。

Did you ＿＿＿＿＿＿ ＿＿＿＿＿＿ Ken?

□ ❺ 家に帰る途中（とちゅう）ですしを買いに行くことができます。

We can go ＿＿＿＿＿＿ sushi ＿＿＿＿＿＿ the way home.

□ ❻ 5番搭乗（とうじょう）口へお進みください。

Please go to Gate 5 ＿＿＿＿＿＿ ＿＿＿＿＿＿.

□ ❼ じゃあ，また。 Take ＿＿＿＿＿＿.

□ ❽ では，また。 ＿＿＿＿＿＿ ＿＿＿＿＿＿ soon.

❺ 次の文を（ ）内の指示にしたがって書き替（か）えるとき，＿＿に適切な語を書きなさい。

□ ❶ Tom comes to my house. （文末にtomorrowを加えた文に）

Tom ＿＿＿＿＿ ＿＿＿＿＿ to come to my house tomorrow.

□ ❷ My cousin is a doctor. （文末にin the futureを加えた文に）

My cousin ＿＿＿＿＿＿ ＿＿＿＿＿＿ a doctor in the future.

□ ❸ They are going to go camping. （疑問文に）

＿＿＿＿＿＿ ＿＿＿＿＿＿ ＿＿＿＿＿＿ to go camping?

□ ❹ We'll have a baseball tournament this summer. （否定文に）

We ＿＿＿＿＿＿ ＿＿＿＿＿＿ a baseball tournament this summer.

□ ❺ How's the weather in Tokyo? （文末にtonightを加えて未来の文に）

How ＿＿＿＿＿＿ the weather ＿＿＿＿＿＿ in Tokyo tonight?

□ ❻ I'll stay home. （「もし雪なら」という条件を加えた文に）

＿＿＿＿＿＿ ＿＿＿＿＿＿ ＿＿＿＿＿＿, I'll stay home.

ヒント欄:

❹
❶「何か〜はありますか」という疑問文。
❷hungry「空腹な」を強調した形容詞を使う。
❸提案するときの表現。
❹前置詞に注意。
❺「〜を買いに行く」を〈go＋前置詞 〜〉で表す。
❻空港での搭乗案内のアナウンス。
❼❽親しい人とのあいさつ。

❺
❶〜❺be going to 〜 も will 〜 も未来を表す。

●疑問文と否定文
・be going to 〜
疑問文：be動詞が主語の前
否定文：be動詞の後にnot
・will 〜
疑問文：willが主語の前
否定文：willの後にnot

❻条件を表す接続詞を使う。

介点UP

💡ヒント

6 次の英文を日本語にしなさい。

☐ **1** Don't forget your computer.

(　　　　　　　　　　　　　　　　　　　　　)

☐ **2** I'm going to see the Statue of Liberty in New York.

(　　　　　　　　　　　　　　　　　　　　　)

☐ **3** I'll finish reading this book tonight.

(　　　　　　　　　　　　　　　　　　　　　)

☐ **4** If you have time, you can go to Central Park.

(　　　　　　　　　　　　　　　　　　　　　)

7 次の日本語に合う英文になるように，（　）内の語(句)を並べ替えなさい。

☐ **1** あなたはこの夏に何をするつもりですか。

(going / do / what / to / summer / are / this / you)?

_____?

☐ **2** 私は今週末，旅行に出かけるつもりです。

(go / I'm / to / going / on / this / a trip) weekend.

_____ weekend.

☐ **3** 彼の乗る飛行機は午後6時30分に到着するでしょう。

(at / will / arrive / his flight) 6:30 p.m.

_____ 6:30 p.m.

☐ **4** 私はお土産としてTシャツを買おうと思います。

(T-shirts / I / souvenirs / buy / as / will).

_____.

8 次の日本語を（　）内の指示にしたがって英文にしなさい。

☐ **1** 私は明日ドラムを練習するつもりです。(be going toを使って)

_____

☐ **2** 私はこの春にたくさん本を読もうと思います。(willを使って)

_____

☐ **3** もし明日晴れなら，彼はテニスをするでしょう。(willを使って)

_____

6

❶禁止する命令文。

❷be going to〜の文。

❸ ✕ ミスに注意

I'llはI willの短縮形。will notの短縮形のwon'tも覚えておく。readingは動名詞。

7

❶❷「〜するつもり」という意志を表す文。❶は疑問詞で始まる疑問文。

❸「〜でしょう」という推測を表す文。

❹「〜しましょう，〜しようと思います」という意志を表す文。

8

❶be動詞は主語に合わせる。

❷「この春に」はthisを使う。

❸「もし〜なら，…」という条件を表す。

Step 3 予想テスト : Unit 3 Plans for the Summer ~ Active Grammar 3

30分 /100点 目標 80点

❶ 次の日本語に合う英文になるように，＿＿に入る適切な語を書きなさい。知 10点（各5点）

❶ 私は家に帰る途中でユミに会いました。

I saw Yumi ＿＿＿＿ ＿＿＿＿ ＿＿＿＿ home.

❷ 私を動物園に連れていってください。

Please ＿＿＿＿ ＿＿＿＿ ＿＿＿＿ the zoo.

❷ 次の日本語に合う英文になるように，（　）内の語（句）や符号を並べ替えなさい。知

18点（各6点）

❶ あなたは明日どこで勉強をするつもりですか。

(you / where / study / going / tomorrow / are / to)?

❷ 私の母は涼しい夏になるだろうと言っています。

(it / be / summer / my mother / a / will / says / cool).

❸ もし雨降りなら，私たちはピクニックをしないでしょう。

(it's / have / will / if / we / a picnic / not / rainy / ,).

❸ 次の対話文を読んで，あとの問いに答えなさい。知

20点（各5点）

A: During the summer vacation, I'm going to visit my aunt in Okinawa with my brother.

B: ［　①　］ Will you swim there?

A: Yes, I will.

B: I like swimming. I'd ②(㋐ want ㋑ like) to swim at the beautiful beach someday.

A: ③(㋐ Why ㋑ Where) don't you come with us?

B: ［　④　］

A: No, I'm not. I'm serious.

❶ ①，④の［　］に適切な文を次から１つずつ選び，記号で答えなさい。

㋐ Don't worry.　　㋑ Are you kidding?

㋒ That sounds fun.　㋓ Where did you go?

❷ ②，③の（　）内から適切な語を選び，記号で答えなさい。

❹ 次のTinaが書いたメールの一部を読んで，あとの問いに答えなさい。知 表　32点(各8点)

Hi, Kota. How are you?

①(ready / your / are / for / trip / you)? Did you finish ②(pack)?

I'm enjoying my time with my grandparents.

③They (　　) (　　) to you.

By the way, ④when will your flight arrive?

We'll meet you at the airport.

❶ 下線部①の(　)内の語を正しく並べ替えなさい。

❷ ②の(　)内の語を適切な形にかえて書きなさい。

❸ 下線部③が「彼らはあなたによろしくと言っています。」という意味になるように，(　)に入る適切な語を書きなさい。

❹ 下線部④のようにTinaがたずねた理由を日本語で書きなさい。

❺ 次の問いにあなた自身の立場で，3語以上の英文で答えなさい。表　　20点(各10点)

❶ What are you going to do this summer?

❷ If it is rainy this weekend, what will you do?

❶	❶				
	❷				
❷	❶				?
	❷				.
	❸				.
❸	❶ ①	④	❷ ②	③	
❹	❶				?
	❷				
	❸				
	❹				
❺	❶				
	❷				

Unit 3 Plans for the Summer ~ Active Grammar 3

Step 1 基本チェック ⋮ Let's Read 1 Sukh's White Horse ～ Daily Life 3

5分

■ 赤シートを使って答えよう！

❶ ［未来を表す進行形］

□❶ トムは明日，日本を去る予定です。

　Tom [is] leaving Japan tomorrow.

□❷ 彼女(かのじょ)はきのう１時に私の家に来る予定でした。

　She [was] coming to my house at one o'clock yesterday.

❷ ［接続詞that］

□❶ 私は，きっと彼(かれ)は新入生だと思います。

　I'm sure [that] he [is] a new student.

□❷ 私はそれがよい歌だと感じました。

　I felt [that] it [was] a good song.

解答欄

❶ _____

❷ _____

❶ _____

❷ _____

POINT

❶ ［未来を表す進行形］

①現在進行形を使って，すでに準備を始めていることなどについての近い未来の予定を表すことがある。

・We <u>are having</u> a party tonight.　［私たちは今晩パーティーをする予定です。］
　　　└現在進行形〈am[are, is] ＋動詞の -ing形〉

②過去進行形を使って，過去のある時点での，すでに準備を始めていたことなどについての予定を表すことがある。

・We <u>were having</u> a party this weekend.　［私たちは今週末にパーティーをする予定でした。］
　　　└過去進行形〈was[were] ＋動詞の -ing形〉

❷ ［接続詞that］

①〈動詞＋ that ～（主語＋動詞 ...）〉の形で「～ということを―」を表す。このthatはよく省略される。

・think (that) ～　（～と思う）　　・be sure (that) ～　（きっと～だ）
・say (that) ～　（～と言う）　　・feel (that) ～　（～と感じる）

②前の現在形の動詞が過去形になるとき，that以下の現在形の動詞も普通は過去形にする。

・He <u>feels</u> that his grandmother　is　with him.
　　　　↓過去形に　　　　　　　　　　　↓過去形に　［彼は彼のおばあさんが彼と一緒にいると感じます。］
・He <u>felt</u>　that his grandmother <u>was</u> with him.

　　　　　　　　　　［彼は彼のおばあさんが彼と一緒にいると感じました。］

Step 2 予想問題 | Let's Read 1 Sukh's White Horse ～ Daily Life 3

10分
(1ページ10分)

❶ 次の①～④は意味を日本語で書き，⑤～⑧は英語にしなさい。

☐① daughter （　　　　　　　） ☐② large （　　　　　　　）

☐③ begin （　　　　　　　） ☐④ thirsty （　　　　　　　）

☐⑤ 国 ＿＿＿＿＿＿＿ ☐⑥ パン ＿＿＿＿＿＿＿

☐⑦ 毛，髪の毛 ＿＿＿＿＿＿＿ ☐⑧ メートル ＿＿＿＿＿＿＿

❷ 次の語で最も強く発音する部分の記号を答えなさい。

☐① to-ma-to （　　　　） ☐② in-jured （　　　　）
　　ア イ ウ 　　　　　　　　　ア イ

❸ 次の日本語に合う英文になるように，＿＿に適切な語を書きなさい。

☐① 昔々，1人の少女が小さい町に住んでいました。
＿＿＿＿＿ ＿＿＿＿＿ a time, a girl lived in a small town.

☐② そのライオンは成長しました。
The lion ＿＿＿＿＿ ＿＿＿＿＿.

☐③ 彼らはそのトーナメントに参加しました。
They ＿＿＿＿＿ ＿＿＿＿＿ in the tournament.

☐④ そのネズミは走り去りました。
The mouse ＿＿＿＿＿ ＿＿＿＿＿.

☐⑤ 私はその情報をあなたと分かち合います。
I'll ＿＿＿＿＿ the information ＿＿＿＿＿ you.

☐⑥ 私たちはバスに乗りました。
We ＿＿＿＿＿ ＿＿＿＿＿ the bus.

❹ 次の英文を日本語にしなさい。

☐① We are having a picnic tomorrow.
（　　　　　　　　　　　　　　　　　　　　　）

☐② When I arrived at the airport, I felt it was cold in Tokyo.
（　　　　　　　　　　　　　　　　　　　　　）

☐③ Shall I clean your room?
（　　　　　　　　　　　　　　　　　　　　　）

ヒント

❶
①familyに関する語。
②sizeに関する語。
⑥「パン」は英語ではないので注意。

❷
① ✕ ミスに注意
日本語の「トマト」とは発音が異なる。

❸
①おとぎ話の始まりの決まり文句。
②～④⑥動詞は過去形。

●不規則動詞の過去形
find→found
say→said
begin→began
shoot→shot
fall→fell
sleep→slept

❹
①tomorrowに注意。
②feltは過去形。直後の接続詞thatが省略されている。

点UP

Let's Read 1 Sukh's White Horse ～ Daily Life 3

Step 3 予想テスト : Let's Read 1 Sukh's White Horse ~ Daily Life 3

⏱ 30分　　/100点　目標 80点

❶ 次の日本語に合う英文になるように，＿＿に入る適切な語を書きなさい。知 10点(各5点)

❶ 私はその赤ちゃんの世話をしました。　　I ＿＿＿ ＿＿＿ ＿＿＿ the baby.

❷ 私は昨晩よく眠(ねむ)ることができませんでした。　I ＿＿＿ ＿＿＿ ＿＿＿ well last night.

❷ 次の日本語に合う英文になるように，（　）内の語(句)を並べ替(か)えなさい。知 10点(各5点)

❶ 私は古い木から楽器を作りました。

(of / made / out / I / old wood / a musical instrument).

❷ どうか漫画雑誌(まんが)を私から取り上げないでください。

Please (take / from / don't / me / my comic books / away).

❸ 次のレストランでの対話文の（　）に適切な語句を下から1つずつ選び，記号で答えなさい。ただし，同じものを2度使わないこと。知 20点(各5点)

店員：（　①　）take your order?

客　：Yes, please. （　②　）have a small-size pizza with two toppings, tomatoes and meatballs?

店員：Sure. （　③　）some drinks?

客　：Yes.　One apple juice, please. （　④　）bring it now?

店員：Sure.

㋐ Can I　　㋑ Will you　　㋒ Shall I　　㋓ Would you like

❹ 次の文を読んで，あとの問いに答えなさい。知 表 40点(各5点)

　　The ruler was happy.　He wanted to show the white horse to many people. One day, he had a party.　He tried to ride on the horse.　Then ①it happened.

　　The white horse leaped up and the ruler fell off him.　The white horse ran away.　The ruler said, "Quick.　Catch him.　②(can't / shoot / if / catch / you / him / him / ,)!"

　　His ③(man) shot arrows at the white horse, but the white horse kept on ④(run).

　　That night, when Sukh was in bed, there came a sound from outside.　He leaped up and ran out.　He ⑤(find) his white horse there.　The horse was injured.

"White horse, my dear white horse, please don't die!" Sukh tried to help his horse, but the horse was too tired. The next day, he died.

大塚勇三 再話 「スーホの白い馬」より㈱福音館書店刊

❶ 下線部①の内容を日本語で書きなさい。

❷ 下線部②の（　）内の語や符号を正しく並べ替えなさい。

❸ ③〜⑤の（　）内の語を適切な形にかえて書きなさい。

❹ 次の文が本文の内容に合っていれば〇を，合っていなければ×を書きなさい。
　ⓐ 支配者の部下たちは白馬を捕まえることができた。
　ⓑ Sukhが家の外で白馬を見つけたとき，白馬はけがをしていた。
　ⓒ Sukhが白馬を助けたので，白馬は元気になった。

❺ 次の問いにあなた自身の立場で，３語以上の英文で答えなさい。（　）内の指示にしたがうこと。表
20点（各10点）

❶ あなたの趣味は何をすることですか。（動名詞を使って）

❷ あなたが上手なことは何ですか。（be good atを使って）

❶	❶			
	❷			
❷	❶			.
	❷ Please			.
❸	①	②	③	④
❹	❶			
	❷			!
	❸ ③	④	⑤	
	❹ ⓐ	ⓑ	ⓒ	
❺	❶			
	❷			

Step 1 **基本チェック** | **Unit 4 Tour in New York City ～ Active Grammar 4** | 10分

■ 赤シートを使って答えよう！

❶ [There is[are] ～.の文]

解答欄

- ☐ ❶ There [is / are] a cat on the chair.
- ☐ ❷ There [is / are] many books in the library.
- ☐ ❸ [Is / Are] there a hospital near here?
  — Yes, [it / there] is.
- ☐ ❹ その部屋にコンピュータが１台あります。
  [There] is a computer in the room.
- ☐ ❺ あなたのかばんの中に本がありますか。—いいえ，ありません。
  [Are] there any books in your bag? — No, there [aren't].

❶ _____
❷ _____
❸ _____
_____
❹ _____
❺ _____

POINT

❶ [There is[are] ～.の文]

①不特定の何かについて「(…に)～があります[います]。」と説明するときは，〈There is[are] ＋名詞(＋場所を表す語句).〉で表す。There　is[are]の後の名詞が単数ならis，複数ならare。

- ・There is <u>a ferry</u> to the island.　[その島へのフェリーがあります。]
  └───┘単数名詞

- ・There are <u>a lot of theaters</u> <u>on Broadway</u>.　[ブロードウェイには多くの劇場があります。]
  └────────┘複数名詞　　└場所を表す語句

②不特定の何かについて「～がありますか[いますか]。」とたずねる疑問文は，is[are]をthereの前に置く。答えるときは，thereとis[are]を使う。

- ・Is there a ferry to the island?　[その島へのフェリーがありますか。]
  — Yes, there is. / No, there isn't.　[はい，あります。／いいえ，ありません。]

- ・Are there a lot of theaters on Broadway?　[ブロードウェイには多くの劇場がありますか。]
  — Yes, there are. / No, there aren't.　[はい，あります。／いいえ，ありません。]

③「～がありません[いません]。」という否定文は，is[are]の後にnotを置く。

- ・There is<u>n't</u> a castle in this town.　[この町に城はありません。]

- ・There are<u>n't any</u> students in the gym.　[体育館には一人も生徒がいません。]
  └ not any ～「少しも～ない」

24

❷ [「(人)に(もの)を～する」(目的語が2つある文)]

☐ ❶ 私にその絵を見せてください。

Show [me] the picture.

❶ _____

☐ ❷ 私は彼_{かれ}に本を買うつもりです。

I'll buy him a [book].

❷ _____

❸ [不定詞〈形容詞的用法〉]

☐ ❶ 私には今するべき仕事があります。

I have a job to [do] now.

❶ _____

☐ ❷ 私は何か飲むもの[飲むための何か]が欲_ほしいです。

I want something [to] drink.

❷ _____

POINT ....

❷ [「(人)に(もの)を～する」(目的語が2つある文)]

①show, tell などの動詞は後ろに2つの目的語を取ることができる。〈動詞＋人＋もの〉の語順で「(人)に(もの)を～する」という意味になる。

・Show <u>me</u> <u>the leaflet</u>.　[私にパンフレットを見せてください。]
　　　　　人　　もの

・This tells <u>you</u> <u>the history of the statue</u>.　[これがあなたにその像の歴史を伝えます。]
　　　　　　人　　　　　　もの

〈show＋人＋もの〉	(人)に(もの)を見せる	〈tell＋人＋もの〉	(人)に(もの)を話す[伝える]
〈buy＋人＋もの〉	(人)に(もの)を買う	〈give＋人＋もの〉	(人)に(もの)を与_{あた}える
〈make＋人＋もの〉	(人)に(もの)を作る	〈send＋人＋もの〉	(人)に(もの)を送る

②〈主語＋動詞＋人＋もの.〉の文は〈主語＋動詞＋もの＋to[for]＋人.〉の語順の文に書き替_かえることができる。

・Show the leaflet to me.　[私にパンフレットを見せてください。]

・Buy a computer for me.　[私にコンピュータを買ってください。]

❸ [不定詞〈形容詞的用法〉]

不定詞〈to＋動詞の原形〉が前の名詞や代名詞に説明を加える形容詞のような働きをする。

この不定詞は「～す(る)べき…」「～する(ための)…」という意味になる。

・There are <u>so many fun things</u> <u>to do</u> here.　[ここにはとても多くのするべき楽しいことがあります。]
　　　　　　　　　　　　　　　　　so many fun thingsを後ろから修飾_{しゅうしょく}

・You have <u>a place</u> <u>to stay</u>.　[あなたには泊_とまる(ための)場所があります。]
　　　　　　　　　　　　a placeを後ろから修飾

Step 2 ｜ 予想問題 ｜ **Unit 4 Tour in New York City ～ Active Grammar 4**

40分
(1ページ10分)

❶ 次の❶～❽は意味を日本語で書き，❾～⓰は英語にしなさい。

□❶ island （　　　　　） □❷ city （　　　　　）

□❸ exercise （　　　　　） □❹ cafe （　　　　　）

□❺ anytime （　　　　　） □❻ past （　　　　　）

□❼ rent （　　　　　） □❽ send （　　　　　）

□❾ ツアー，見学 ＿＿＿＿＿＿ □❿ コンサート ＿＿＿＿＿＿

□⓫ (大型の)船 ＿＿＿＿＿＿ □⓬ 歴史 ＿＿＿＿＿＿

□⓭ 書店，本屋 ＿＿＿＿＿＿ □⓮ 市場 ＿＿＿＿＿＿

□⓯ 中心，真ん中 ＿＿＿＿＿＿ □⓰ 自然 ＿＿＿＿＿＿

ヒント

❶
- ❶～❹は日本語になっているが，発音に注意する。
- ❾❿つづりを正確に書けるように。
- ⓫「(小型の)船」はboat。
- ⓭２語にしない。

❷ 次の各組の下線部の発音が同じなら○を，異なるなら×を書きなさい。

□❶ { t<u>a</u>ll / h<u>a</u>nd }　（　　） □❷ { m<u>e</u>ter / str<u>ee</u>t }　（　　） □❸ { m<u>u</u>g / s<u>u</u>ch }　（　　）

❸ 次の文の（　）に適切な語(句)を下から選び，記号を○で囲みなさい。

□❶ There (　　) a lot of people in the shop.
　⑦ is　　　　⑦ are　　　　⑦ be

□❷ *A:* Are there many computers in this library?
　B: Yes, (　　) are.
　⑦ there　　　⑦ they　　　⑦ we

□❸ There aren't (　　) theaters near here.
　⑦ some　　　⑦ any　　　⑦ no

□❹ Will you show (　　) the map?
　⑦ me　　　　⑦ to me　　　⑦ me to

□❺ I'll give (　　) a baseball cap.
　⑦ he　　　　⑦ his　　　　⑦ him

□❻ We need something (　　).
　⑦ eat　　　　⑦ eating　　　⑦ to eat

❸
- ❶There is[are] ～.のbe動詞の形は後ろに続く語句で判断する。
- ❷Are there ～?の答え方。
- ❸There is[are] ～.の否定文。
- ❹showは目的語を２つ取ることができる動詞。
- ❺ **✕｜ミスに注意** 目的語になる代名詞は「～を」の形にする。
- ❻代名詞somethingに後ろから説明を加える。

💡ヒント

❹ 次の日本語に合う英文になるように，＿＿に適切な語を書きなさい。

□❶ 私たちは一緒に計画を立てました。

We ＿＿＿＿＿＿ a ＿＿＿＿＿＿ together.

□❷ 彼はいつ戻りますか。

When will he ＿＿＿＿＿＿ ＿＿＿＿＿＿?

□❸ あの木(tree)は5メートルの高さがあります。

That tree is five ＿＿＿＿＿＿ ＿＿＿＿＿＿.

□❹ この像は重さが約100トンです。

This statue is about 100 tons ＿＿＿＿＿＿ ＿＿＿＿＿＿.

□❺ 過去には多くの人々がここに住んでいました。

Many people lived here ＿＿＿＿＿＿ the ＿＿＿＿＿＿.

□❻ 地下鉄を利用して，日本橋駅で降りてください。

＿＿＿＿＿＿ the subway and get ＿＿＿＿＿＿ at Nihonbashi Station.

□❼ あなたは右手に何をしっかりとつかんでいますか。

What are you ＿＿＿＿＿＿ in your ＿＿＿＿＿＿ ＿＿＿＿＿＿?

❹
❶「計画を立てる」と言うときの動詞は何を使うか。
❸「メートル」のつづりにも注意。
❻「(乗り物)を利用する」と「(乗り物などから)降りる」という言い方。
❼現在進行形の文。

❺ 次の絵の内容に合う英文になるように，＿＿に適切な語を書きなさい。

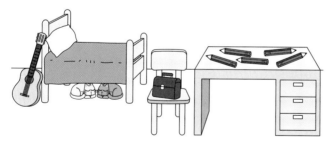

□❶ There is ＿＿＿＿＿＿ ＿＿＿＿＿＿ by the bed.

□❷ There ＿＿＿＿＿＿ two cats ＿＿＿＿＿＿ the bed.

□❸ There are some ＿＿＿＿＿＿ ＿＿＿＿＿＿ the desk.

□❹ There ＿＿＿＿＿＿ ＿＿＿＿＿＿ ＿＿＿＿＿＿ on the chair.

□❺ There ＿＿＿＿＿＿ any pictures ＿＿＿＿＿＿ the wall.

❺
There is[are] 〜.の〜の名詞にはmy[your]のような語やtheは付かない。
(×)There is my cat in the room.
(○)My cat is in the room.

❺wall「壁」

6 次の対話文の＿＿に適切な語を書きなさい。

☐ **①** *A:* ＿＿＿＿＿ ＿＿＿＿＿ a cafeteria in your school?

    B: Yes, there is.

☐ **②** *A:* Are there any chairs in the room?

    B: No, ＿＿＿＿＿ ＿＿＿＿＿.

☐ **③** *A:* Are you free in the afternoon?

    B: No, I'm not. I ＿＿＿＿＿ a lot of homework ＿＿＿＿＿ do today.

☐ **④** *A:* Mom, I'm starving!

    B: Oh, are you? I'll make ＿＿＿＿＿ something ＿＿＿＿＿ eat.

☐ **⑤** *A:* How long does it take to get there?

    B: ＿＿＿＿＿ ＿＿＿＿＿ about ten minutes.

7 次の文を（　）内の指示にしたがって書き替えるとき，＿＿に適切な語を書きなさい。

☐ **①** There is <u>a</u> tomato in the bag. （下線部をtwoにかえた文に）

    ＿＿＿＿＿ ＿＿＿＿＿ two ＿＿＿＿＿ in the bag.

☐ **②** There are some cups on the table. （疑問文に）

    ＿＿＿＿＿ ＿＿＿＿＿ ＿＿＿＿＿ cups on the table?

☐ **③** I have a lot of books. （「この週末に読むための」の意味を加えて）

    I have a lot of ＿＿＿＿＿ ＿＿＿＿＿ ＿＿＿＿＿ this weekend.

☐ **④** He will write a letter to you. （ほぼ同じ内容の文に）

    He will ＿＿＿＿＿ ＿＿＿＿＿ a letter.

☐ **⑤** My sister made me lunch. （前置詞を使って同じ意味の文に）

    My sister made ＿＿＿＿＿ ＿＿＿＿＿ ＿＿＿＿＿.

点UP ☐ **⑥** There are <u>three</u> big parks in this city.

    （下線部をたずねる疑問文に）

    ＿＿＿＿＿ ＿＿＿＿＿ big parks ＿＿＿＿＿ there in this city?

ヒント

6
①② There is[are] 〜. の疑問文と答え方。
③ A「あなたは午後暇（ひま）ですか。」にNoで答えているので忙（いそが）しい理由を考える。
④「おなかがぺこぺこです。」→「あなたに何か食べるものを作りましょう。」
⑤ **✕ | ミスに注意**
「時間が〜かかる」というときの主語はit。

7
① 後の名詞も複数形に。
② someは普通，肯定（こうてい）文で使う。
③「〜するための」という説明を名詞に加える。
④⑤

●〈動詞＋人＋もの〉→〈動詞＋もの＋to[for]＋人〉
・toを使う動詞：show, tell, give, sendなど
・forを使う動詞：buy, make, cookなど

⑥ 数をたずねる。

❽ 次の英文を日本語にしなさい。

☐ ❶ There aren't any good restaurants near here.

(　　　　　　　　　　　　　　　　　　　　　)

☐ ❷ First of all, please tell me your name.

(　　　　　　　　　　　　　　　　　　　　　)

☐ ❸ I bought many souvenirs, such as a mug, a flag, and a cap.

(　　　　　　　　　　　　　　　　　　　　　)

❾ 次の日本語に合う英文になるように，（　）内の語(句)を並べ替えなさい。

☐ ❶ 何か飲むものはいかがですか。

(would / something / like / to / you) drink?

＿＿＿＿＿＿＿＿＿＿＿＿＿＿＿＿＿ drink?

☐ ❷ どのようにして博物館に行くことができますか。

(can / the museum / to / get / I / how)?

＿＿＿＿＿＿＿＿＿＿＿＿＿＿＿＿＿?

☐ ❸ 私に駅への道を話していただけませんか。

(tell / the station / you / the way / could / me / to)?

＿＿＿＿＿＿＿＿＿＿＿＿＿＿＿＿＿?

☐ ❹ くつろぐ場所を調べましょう。

(the place / out / let's / relax / check / to).

＿＿＿＿＿＿＿＿＿＿＿＿＿＿＿＿＿.

❿ 次の日本語を（　）内の指示にしたがって英文にしなさい。

☐ ❶ 私の家の近くに新しい病院があります。（thereを使って）

＿＿＿＿＿＿＿＿＿＿＿＿＿＿＿＿＿

☐ ❷ 私には今日することがたくさんあります。（haveを使って）

＿＿＿＿＿＿＿＿＿＿＿＿＿＿＿＿＿

☐ ❸ 私の父は私に3冊の本をくれました。（toを使わないで）

＿＿＿＿＿＿＿＿＿＿＿＿＿＿＿＿＿

☐ ❹ 京都には見るべき寺がいくつかあります。（thereを使って）

＿＿＿＿＿＿＿＿＿＿＿＿＿＿＿＿＿

❽
❶ not any ～ の意味に注意。
❸ ～, such as ...は例を挙げるときの表現。

❾
❶「何か飲むもの」→「飲むための何か」
❷「どのように」と方法をたずねている。
❸「～していただけませんか。」と丁寧に依頼する文。
❹「くつろぐ場所」→「くつろぐための場所」

❿
❶「新しい病院」は「1つ」と考える。
❷「すること」→「するべきこと」
❸ 2つの目的語の語順に注意。
❹ 名詞「寺」に「見るべき」という説明を加える。

Step 3 予想テスト　Unit 4 Tour in New York City ～ Active Grammar 4　⏱30分　目標80点　/100点

❶ 次の日本語に合う英文になるように，＿＿に入る適切な語を書きなさい。[知] 10点(各5点)

① どうぞいつでも戻ってきてください。 Please ＿＿＿＿ ＿＿＿＿ ＿＿＿＿.

② 彼は多くの種類の楽器を演奏します。たとえば彼はギターとピアノをとても上手にひきます。
He plays many ＿＿＿＿ of musical instruments. ＿＿＿＿ ＿＿＿＿, he plays the guitar and the piano very well.

❷ 次の日本語に合う英文になるように，（ ）内の語(句)を並べ替えなさい。[知] 12点(各6点)

① 私が駅に着いたときに，あなたにEメールを送ります。
I'll (send / I / the station / an e-mail / get / when / to / you).

② この町には自然を楽しむための場所がたくさんあります。
(places / there / enjoy / many / are / to / nature) in this town.

❸ 次の対話文を読んで，あとの問いに答えなさい。[知] 16点(各4点)

A: ［ ① ］ I want to go to Minami Park. ②(⑦ Could you ⑦ Shall I) tell me the way?
B: Take the bus to Minami Park. You can get on it at the bus stop over there.
A: I see. ③(⑦ How many ⑦ How long) does it take to get to the park?
B: It takes about 20 minutes.
A: Thank you.
B: ［ ④ ］

① ①，④の［ ］に適切な文を次から１つずつ選び，記号で答えなさい。
⑦ You're welcome. ⑦ I'm sorry. ⑦ Excuse me. ⑨ That's right.

② ②，③の（ ）内から適切な語句を選び，記号で答えなさい。

❹ 次の対話文を読んで，あとの問いに答えなさい。[知][表] 42点(各6点)

Tina: What do you want to see in New York?
Kota: I want to see the Stature of Liberty. I (①) want to see a musical and go to Central Park.
Tina: OK. Let's make a plan.
＊　　　＊　　　＊

Tina: Here's the Stature of Liberty. It's on Liberty Island.

Kota: How do we get there? Is there a ferry to the island?

Tina: ②   It leaves from Battery Park.

❶ ①の( )に入る「～もまた」という意味の語を書きなさい。

❷ ②の□に入る適切な3語の英文を書きなさい。

❸ Kotaがニューヨークでⓐ見たいものを2つ，ⓑ行きたい場所を1つ，日本語で書きなさい。

❹ 次の文が本文の内容に合っていれば○を，合っていなければ×を書きなさい。

 ⓐ The Stature of Liberty is at Battery Park.

 ⓑ Tina and Kota can go to Liberty Island by ferry.

❺ 次の問いにあなた自身の立場で，4語以上の英文で答えなさい。❶は( )内の指示に
したがうこと。表   20点(各10点)

❶ How many students are there in your class?
 (thereを使うこと。数字は英語にしなくてよい)

❷ What do you want to give your best friend for his[her] birthday?

❶	❶				
	❷				
❷	❶ I'll				.
	❷				in this town.
❸	❶ ①	④	❷ ②	③	
❹	❶				
	❷				
	❸ ⓐ				
	ⓑ				
	❹ ⓐ	ⓑ			
❺	❶				
	❷				

Step 1 基本チェック ● Unit 5 Earthquake Drill ～ Active Grammar 5

 10分

■ 赤シートを使って答えよう！

❶ [have to + 動詞の原形]

解答欄

□ ❶ あなたがたはテニスを練習しなければなりません。
You [have] to practice tennis.

❶ _____

□ ❷ 彼女は今日，お母さんを手伝う必要があります。
She [has] to help her mother today.

❷ _____

□ ❸ あなたは日曜日に学校へ行く必要がありません。
You [don't] have to go to school on Sundays.

❸ _____

□ ❹ 私の弟は犬を散歩させる必要がありません。
My brother [doesn't] [have] to walk our dog.

❹ _____
_____

□ ❺ 彼らは今，走らなければなりません。
[Do] they [have] to run now?

❺ _____
_____

POINT ••

❶ [have to + 動詞の原形]

①「～しなければならない，～する必要がある」と言うときは〈have to + 動詞の原形〉で表す。主語が3人称単数のときは〈has to + 動詞の原形〉で表す。

・You have to <u>get</u> down.　[あなたたちはかがまなければなりません[かがむ必要があります]。]
　　　　　　└動詞の原形

・He has to <u>help</u> his father.　[彼は彼のお父さんを手伝わなければなりません[手伝う必要があります]。]

②〈have to + 動詞の原形〉の否定文は〈主語 + don't have to + 動詞の原形 ....〉，〈has to + 動詞の原形〉の否定文は〈主語 + doesn't have to + 動詞の原形 ....〉の形になり，「～する必要がない」という意味を表す。

・You don't have to take your bags.　[あなたたちはかばんを持っていく必要がありません。]

・He doesn't have to clean his room.　[彼は自分の部屋を掃除する必要がありません。]

③〈have[has] to + 動詞の原形〉の疑問文はdo[does]を主語の前に置いて〈Do[Does] + 主語 + have to + 動詞の原形 ...?〉の形になり，「～しなければなりませんか，～する必要がありますか」という意味を表す。

・Do we have to get up early?
[私たちは早く起きなければなりませんか[起きる必要がありますか]。]

・Does he have to do his homework today?
[彼は今日宿題をしなければなりませんか[する必要がありますか]。]

❷ [助動詞 must]

☐ ❶ 私は彼らを助けなければなりません。

I [must] help them.

☐ ❷ ケンは今日，サッカーを練習しなければなりません。

Ken must [practice] soccer today.

☐ ❸ あなたはここで走ってはいけません。

You [must] [not] run here.

❶ _____

❷ _____

❸ _____

_____

❸ [助動詞 should]

☐ ❶ 私たちはすぐに帰宅するべきです。

We [should] go home soon.

☐ ❷ あなたは先生にたずねた方がよいです。

You [should] ask your teacher.

❶ _____

❷ _____

POINT

❷ [助動詞 must]

①mustはcanやwillと同じ助動詞の仲間で，〈must＋動詞の原形〉で「～しなければならない」という強い義務感などを表す。

・You must <u>stay</u> calm.　［あなたは冷静でいなければなりません。］
　　　　　└動詞の原形

②否定文は〈主語＋must not＋動詞の原形 ....〉となり，「～してはいけない」という強い禁止の意味になる。疑問文は〈Must＋主語＋動詞の原形 ...?〉の形で，「～しなければなりませんか」という意味になる。

・You must not leave your group.　［あなたは集団から離れてはいけません。］

・Must you leave now?　［あなたは今，出発しなければなりませんか。］

❸ [助動詞 should]

①shouldも助動詞の仲間で，〈should＋動詞の原形〉で「～すべきである」という義務感などを表す。「～した方がよい」という忠告や助言の意味にもなる。

・We should pack a flashlight.　［私たちは懐中電灯を荷物に入れるべき［入れた方がよい］です。］

②否定文は〈主語＋should not＋動詞の原形 ....〉，疑問文は〈Should＋主語＋動詞の原形 ...?〉。

・You <u>shouldn't</u> forget some cat food.　［猫のえさを忘れない方がよいです
　　　　　└should notの短縮形　　　　　　　　［忘れるべきではありません］。］

・Should I read this book?　［私はこの本を読むべき［読んだ方がよい］ですか。］

<table>
<tr><td>Step
2</td><td>予想問題</td><td>Unit 5 Earthquake Drill ~
Active Grammar 5</td><td>40分
(1ページ10分)</td></tr>
</table>

❶ 次の❶～❽は意味を日本語で書き, ❾～⓴は英語にしなさい。

ヒント

❶ earthquake (   )　❷ become (   )

❸ down (   )　❹ explain (   )

❺ bathroom (   )　❻ someone (   )

❼ hurt (   )　❽ reason (   )

❾ 行動 ＿＿＿＿＿＿　❿ ～を学ぶ ＿＿＿＿＿＿

⓫ 揺れる, 振動する＿＿＿＿　⓬ 病気の, 具合が悪い＿＿＿＿

⓭ (手の)指 ＿＿＿＿＿＿　⓮ 首 ＿＿＿＿＿＿

⓯ ナイフ, 包丁＿＿＿＿＿　⓰ 役に立つ, 有用な＿＿＿＿

⓱ 会議, 会合 ＿＿＿＿＿　⓲ 一員, メンバー＿＿＿＿

⓳ 中古(品)の ＿＿＿＿＿　⓴ ～に参加する＿＿＿＿

❶
❷be動詞と似た意味
で使われる。
❺bath「入浴」のため
のroom「部屋」。
❻oneは「人」を表す。
⓭「足の指」は別の語。
⓱動詞meetに関連す
る語。

❷ 次の語で最も強く発音する部分の記号を答えなさい。

❶ vol-un-teer
　　ア　イ　ウ
（　　）

❷ pre-pare
　　ア　イ
（　　）

❸ 次の文の(　)に適切な語(句)を下から選び, 記号を○で囲みなさい。

❶ I have (　　) my homework today.
　　㋐ do　　　㋑ to do　　　㋒ doing

❷ My father (　　) to help my grandfather.
　　㋐ have　　㋑ has　　　㋒ having

❸ She must (　　) the piano every day.
　　㋐ practice　㋑ practices　㋒ to practice

❹ We must (　　) go shopping today.
　　㋐ don't　　㋑ aren't　　㋒ not

❺ You should (　　) go to school by bicycle.
　　㋐ don't　　㋑ aren't　　㋒ not

❻ Do you have to use this car? ― Yes, I (　　).
　　㋐ do　　　㋑ have　　　㋒ must

❸
❷主語my fatherは3
人称単数。
❸～❺
●助動詞の使い方
・動詞の原形と使う。
・否定文:〈主語＋助
動詞＋not＋動詞の
原形 ～.〉
・疑問文:〈助動詞＋
主語＋動詞の原形
～?〉

💡 **ヒント**

❹ 次の文の____に適切な語を，下から１つずつ選んで書きなさい。ただし，同じ語を２度使わないこと。

☐ ❶ Mina, did you _____ any medicine?

☐ ❷ I'll go to the hospital and _____ a doctor.

☐ ❸ I _____ a headache. I'll go to bed now.

☐ ❹ _____ under a desk. That can keep you safe.

have	get	take	see

❺ 次の日本語に合う英文になるように，____に適切な語を書きなさい。

☐ ❶ 私は床に伏せました。 I _____ _____ on the floor.

☐ ❷ この建物から即座に去りましょう。
Let's _____ this building _____.

☐ ❸ 私たちは集団で移動しました。
We moved _____ a _____.

☐ ❹ ドアを静かに閉めてください。
Please _____ the _____ quietly.

☐ ❺ あなたは自分の服にアイロンをかけましたか。
Did you _____ your _____?

☐ ❻ 私は英語を勉強するためのよい方法を知りたいです。
I want to know a good _____ _____ study English.

☐ ❼ パーティーで楽しみましょう。
Let's have _____ at the party.

☐ ❽ 高い建物から離れていなさい。
_____ _____ from tall buildings.

☐ ❾ 彼はその部屋に入りました。
He _____ _____ the room.

☐ ❿ この木にしがみつきなさい。
_____ _____ to this tree.

☐ ⓫ A: ここに地図があります。
B: いいですね。ええっと。私たちは今，どこにいますか。
A: _____ a map.
B: That's good. Let's _____. Where are we now?

❹
適切な動詞を選ぶ問題。
❶medicine「薬」
❸headache「頭痛」

❺
❶「かがむ」という動作を表す。「下の方向へ」という意味の語を動詞と使う。
❷動作・行動が「すぐに，即座に」を表す語を使う。
❸「集団(の中)で」と考える。
❺「～にアイロンをかける」という意味の動詞を使う。
❻「勉強するための」を不定詞で表す。
❼ ❌ **ミスに注意**
答えの名詞にaやtheはつかない。
❽「～から離れた状態のままでいる」という意味。
❾「～の中へ[に]」という方向と運動を示す前置詞を使う。
⓫「ええっと。」をlet'sを使って表す。

❻ 次の日本語に合う英文になるように，＿＿に適切な語を下から
1つずつ選んで書きなさい。ただし，同じ語を2度使わないこと。

□**❶** 私の姉は上手にピアノをひくことができます。

My sister ＿＿＿＿＿＿ play the piano well.

□**❷** 明日は晴れるでしょう。

It ＿＿＿＿＿＿ be sunny tomorrow.

□**❸** 台風が来ます。あなたは今日，家にいなければなりません。

A typhoon is coming. You ＿＿＿＿＿＿ stay home today.

□**❹** 窓を閉めましょうか。

＿＿＿＿＿＿ I close the window?

□**❺** すみません。駅までの道を教えていただけませんか。

Excuse me. ＿＿＿＿＿＿ you tell me the way to the
station?

□**❻** クッキーはいかがですか。

＿＿＿＿＿＿ you like some cookies?

□**❼** 私は，あなたはラジオを持っていった方がよいと思います。

I think you ＿＿＿＿＿＿ take a radio.

will	shall	can	could
would	should	must	

❼ 次の文を（ ）内の指示にしたがって書き替えるとき，＿＿に適
切な語を書きなさい。

□**❶** Ken reads many books. （「〜しなければならない」という意味の文に）

Ken ＿＿＿＿＿＿ ＿＿＿＿＿＿ ＿＿＿＿＿＿ many books.

□**❷** You have to meet him today. （疑問文に）

＿＿＿＿＿＿ you ＿＿＿＿＿＿ ＿＿＿＿＿＿ meet him
today?

□**❸** I have to use the Internet. （否定文に）

I ＿＿＿＿＿＿ ＿＿＿＿＿＿ ＿＿＿＿＿＿ use the Internet.

□**❹** Don't play baseball in this park. （ほぼ同じ内容の文に）

You ＿＿＿＿＿＿ ＿＿＿＿＿＿ play baseball in this park.

□**❺** There isn't any food here. （ほぼ同じ内容の文に）

There is ＿＿＿＿＿＿ food here.

ヒント

❻
●助動詞を使った会話表現
①「〜してくれませんか[いただけませんか]。」
・Will you 〜?
・Can you 〜?
・Could you 〜?(丁寧)
②「〜してもいいですか。」
・Can I 〜?
・May I 〜?
ほかにもいろいろあるので整理して覚えよう。

❼
❶ **ミスに注意**
主語が3人称単数なのでhaveは使わない。さらに後ろに続く動詞の形にも注意する。
❷❸have toの疑問文・否定文は，一般動詞の文と同様に考える。
❹禁止の命令文→「あなたは〜してはいけません」
❺not anyの代わりに1語で否定の意味を表す語を使う。

ヒント

⑧ 次の英文を日本語にしなさい。

☐ **①** We have to listen to our teacher's instructions.

( )

☐ **②** You don't have to go to the post office.

( )

☐ **③** We must be quiet.

( )

☐ **④** You must not eat too much.

( )

点UP ☐ **⑤** I don't think you should ride a bicycle.

( )

⑨ 次の日本語に合う英文になるように，( )内の語(句)を並べ替えなさい。

☐ **①** 私は普通は土曜日は何もすることがありません。

(have / to / I / on / nothing / usually / do) Saturdays.

_____ Saturdays.

☐ **②** 私はその日を勉強するのに使う必要があります。

(spend / I / the day / studying / have / on / to).

_____.

☐ **③** あのレストランで昼食を食べませんか。

(restaurant / lunch / have / shall / at / we / that)?

_____?

⑩ 次の日本語を( )内の指示にしたがって英文にしなさい。

☐ **①** 彼は彼の犬の世話をしなければなりません。(has toを使って)

_____

☐ **②** 私はその列車を利用する必要がありません。(have toを使って)

_____

☐ **③** あなたは日本語を話してはいけません。(mustを使って)

_____

☐ **④** あなたはこの本を読んだ方がいいです。(shouldを使って)

_____

⑧

●have to, must, shouldの義務感の強さは？

強 ・must：(強制・命令)
＊否定形は禁止。
・have to(必要性)
＊否定形は不必要。
弱 ・should(義務・忠告・助言)

⑨

❶nothing「何も～ない」「すること」→「するべきこと」は不定詞を使う。

❷have toの文。
spend ... on ～ing「…を～するのに使う」

❸「～しませんか。」と誘う文。

⑩

❶「～の世話をする」は動詞takeを使う。

❷have to の否定形「～する必要がない」。

❸禁止の意味を表す文。

❹相手に助言をする表現。

Unit 5 Earthquake Drill ~ Active Grammar 5

Step 3 **予想テスト** : **Unit 5 Earthquake Drill ~ Active Grammar 5**　⏱ **30分**　/100点　目標 80点

❶ 次の日本語に合う英文になるように，＿＿＿に入る適切な語を書きなさい。知 18点（各6点）

❶ あなたは窓から離れ(はな)ていなければなりません。

You ＿＿＿＿ ＿＿＿＿ ＿＿＿＿ from windows.

❷ 明日，地震避難訓練(じ しん ひ なん)があるでしょう。

There ＿＿＿＿ ＿＿＿＿ an earthquake drill tomorrow.

❸ 数枚のタオルを忘れない方がいいですよ。　You ＿＿＿＿ ＿＿＿＿ some towels.

❷ 次の日本語に合う英文になるように，（　）内の語(句)を並べ替(か)えなさい。知 12点（各6点）

❶ 私の母は皿洗いをする必要がありません。

(have / the dishes / to / my mother / wash / doesn't).

❷ あなたは夜遅くに就寝してはいけません。

(must / to / you / go / bed / not) late.

❸ 次の対話文を読んで，あとの問いに答えなさい。知 20点（各5点）

A:　What's wrong? You ①(⑦ think　④ look　⑦ see) so tired.
B:　I have a fever.
A:　　②　　Do you want to go home now?
B:　Yes, I do.　But I have to join the club activity.　What ③(⑦ should I
　　　④ will you　⑦ did I) do?
A:　　④　　You need some rest.　I'll talk with your coach.

❶ ①，③の（　）内から適切な語(句)を選び，記号で答えなさい。

❷ ②，④の　　　に適切な文を次から1つずつ選び，記号で答えなさい。

⑦ Take it easy.　　④ Sounds fun.　　⑦ How are you?　　⑤ That's too bad.

❹ 次の会話文を読んで，あとの問いに答えなさい。知 表 30点（各6点）

Eri:　　First, you have to get down (　①　) the floor and then get (　②　) a desk.
Kota:　When the shaking stops, you can leave the building.
Tina:　③(have / we / our bags / to / do / take)?
Kota:　No, you don't have to take them.
Hajin:　And if there is no desk?
Eri:　　I don't know.　④I'll have to check.

❶ ①，②の（ ）に適切な語を次から１つずつ選び，記号で答えなさい。

　⑦ in　　　　　⑦ on　　　　　⑨ under　　　　　⑤ into

❷ 下線部③の（ ）内の語(句)を正しく並べ替えなさい。

❸ 下線部④の内容に合うものを次から１つ選び，記号で答えなさい。

　⑦ 教室に机があるかどうか確かめる必要がある。

　⑦ 机がない場合の行動はどうすればよいか確かめる必要がある。

　⑨ いつまで机の下に入っている必要があるかを確かめる必要がある。

❹ Kotaは，いつ建物から出ることができると言っていますか。日本語で書きなさい。

❺ 次の問いにあなた自身の立場で，３語以上の英文で答えなさい。（ ）内の指示にしたがうこと。 表

20点（各10点）

❶ 防災バッグに何を入れるべきですか。（should, packを使って）

❷ 家事の手伝いをするとしたら，何をしなければならないと思いますか。（have toを使って）

❶	①			
	②			
	③			
❷	①			.
	②			late.
❸	❶ ①	③	❷ ②	④
❹	❶ ①	②		
	❷			?
	❸	❹		
❺	①			
	②			

Step 1 基本チェック

Unit 6 Work Experience ~ You Can Do It! 2

⏱ 10分

■ 赤シートを使って答えよう!

❶ [不定詞〈副詞的用法：目的〉]

解答欄

□ ❶ I went to the shop [to / to buy] a cap.　❶ _____

□ ❷ I was there [help / to help] them.　❷ _____

❷ [不定詞〈副詞的用法：感情の原因〉]

□ ❶ 私はそれを聞いて悲しいです。　❶ _____

I'm sad to [hear] that.

□ ❷ あなたは彼(かれ)に会えて幸せですか。　❷ _____

Are you happy [to] see him?

❸ [不定詞の用法と意味]

□ ❶ 英語を勉強することは大切です。　❶ _____

[To] [study] English is important.

□ ❷ この都市には訪(おとず)れるべき場所がたくさんあります。　❷ _____

There are many places [to] [visit] in this city.

POINT ···

❶ [不定詞〈副詞的用法：目的〉]

不定詞〈to + 動詞の原形〉が動作や状態に説明を加える副詞のような働きをすることがある。

この不定詞は「～するために」という意味で，動作や状態の目的を表す。

・He's here to help you. ［彼はあなたを手伝うためにここにいます。］

└─「ここにいる」目的を表す

・I study English to travel abroad. ［私は海外を旅行するために英語を勉強しています。］

└─「英語を勉強する」目的を表す

❷ [不定詞〈副詞的用法：感情の原因〉]

副詞的用法の不定詞には，「～して…」という意味で感情の原因を表すことがある。

・I'm glad to hear that. ［私はそれを聞いてうれしく思います。］

└─「うれしい」原因を表す

❸ [不定詞の用法と意味]

① 名詞的用法	「～すること」
② 形容詞的用法	「～す(る)べき…」「～するための…」
③ 副詞的用法	「～するために」（目的）　「～して…」（感情の原因）

❹ [接続詞 because]

☐ ❶ 私は疲れていたので，早く寝ました。

I went to bed early [because] I was tired.

❶ _____

☐ ❷ 私はニューヨークに住みたいので，英語を勉強しています。

[Because] I want to live in New York, I study English.

❷ _____

❺ [文と文をつなぐ接続詞]

☐ ❶ 私が起きたとき，雨が降っていました。

It was rainy [when] [I] got up.

❶ _____
_____

☐ ❷ もしあなたが暇なら，買い物に行きましょう。

[If] [you] are free, let's go shopping.

❷ _____

☐ ❸ 私は，彼はサッカーが上手だと思います。

I think [that] he is good at soccer.

❸ _____

☐ ❹ 私は，きっとあなたはこの町が気に入ると思います。

I'm [sure] you will like this town.

❹ _____

POINT

❹ [接続詞 because]

because は「~なので[だから]…」と理由や原因を表して 2 つの文をつなぐ。

〈because ＋主語＋動詞 ~〉を文の前半に置くときは，その後にコンマを入れる。

・We were able to communicate well <u>because we talked in English</u>.

└「~なので」

= <u>Because we talked in English</u>, we were able to communicate well.

コンマを入れる ┘　　[私たちは英語で話したので，よく理解し合うことができました。]

❺ [文と文をつなぐ接続詞]：because 以外に次のようなものがある。

①when「~のとき」

・I lived in Tokyo when I was ten years old.　[私は10歳のとき，東京に住んでいました。]

②if「もし~ならば」

・We'll play tennis if it's sunny tomorrow.

[もし明日晴れたら，私たちはテニスをするつもりです。]

①，②の〈接続詞＋主語＋動詞 ~〉も文の前半に置くこともできる。

③that「(~する)ということ」：省略されることもある。

・I think (that) she loves music.　[私は，彼女は音楽が大好きだと思います。]

Unit 6 Work Experience ~ You Can Do It! 2

41

Step 2 予想問題 ・ **Unit 6 Work Experience ~ You Can Do It! 2**
40分
(1ページ10分)

❶ 次の❶～⑩は意味を日本語で書き，⑪～⑳は英語にしなさい。

💡ヒント

☐❶ language （　　　　）　　☐❷ abroad （　　　　）

☐❸ surprising （　　　　）　☐❹ only （　　　　）

☐❺ mind （　　　　）　　　☐❻ opinion （　　　　）

☐❼ again （　　　　）　　　☐❽ living （　　　　）

☐❾ receive （　　　　）　　☐❿ careful （　　　　）

☐⑪ 子供 ＿＿＿＿＿＿　　☐⑫ 話，説明 ＿＿＿＿＿

☐⑬ 週 ＿＿＿＿＿＿　　　☐⑭〔複数形で〕発言 ＿＿＿

☐⑮ 質問，問い ＿＿＿＿　☐⑯ ～に答える ＿＿＿＿

☐⑰ 顔 ＿＿＿＿＿＿　　　☐⑱ 東，東方 ＿＿＿＿＿

☐⑲ 教える ＿＿＿＿＿　　☐⑳ 立っている ＿＿＿＿

❶
❷副詞。発音にも注意。
❸surprise, surprised の関連語。
❽動詞はlive。
❾getもほぼ同じ意味を表す。

❷ 次の語で最も強く発音する部分の記号を答えなさい。

☐❶ be-cause
　　 ア　イ
　　　　　　　　（　　）

☐❷ un-der-stand
　　 ア　イ　　ウ
　　　　　　　　　（　　）

☐❸ com-mu-ni-cate
　　 ア　イ　ウ　エ
　　　　　　　　（　　）

☐❹ in-tro-duce
　　 ア　イ　　ウ
　　　　　　　　（　　）

❸ 次の文の（　）に適切な語(句)を下から選び，記号を○で囲みなさい。

☐❶ I decided （　　） to Canada.
　　㋐ to go　　㋑ going　　㋒ go

点UP ☐❷ He （　　） work hard yesterday.
　　㋐ have to　　㋑ has to　　㋒ had to

☐❸ You learned a （　　） about my country.
　　㋐ lot　　㋑ much　　㋒ many

☐❹ You have to keep （　　）.
　　㋐ to run　　㋑ running　　㋒ run

☐❺ Did he succeed in （　　） his own business?
　　㋐ start　　㋑ to start　　㋒ starting

❸
❶decide の目的語の形に注意。
❷yesterday「きのう(は)」は過去を表す。
❸ ❌ミスに注意
前にaを付けて「よく，大いに」を表す。
❹動詞keepに続ける語。

ヒント

❹ 次の文の＿＿＿に適切な前置詞を，下から１つずつ選んで書きなさい。

☐ ❶ When I'm ＿＿＿＿＿＿＿＿ my best, I can win.

☐ ❷ Please tell me your way ＿＿＿＿＿＿＿＿ thinking.

☐ ❸ You have to keep up ＿＿＿＿＿＿＿＿ other players.

☐ ❹ My brother is always ＿＿＿＿＿＿＿＿ my side.

on	at	with	of

❺ 次の日本語に合う英文になるように，＿＿＿に適切な語を書きなさい。

☐ ❶ 私は世界中に友達を作りたいです。

I want to ＿＿＿＿＿＿＿＿ ＿＿＿＿＿＿＿＿ all over the world.

☐ ❷ 今日は，私の家族について話します。

Today, I'll ＿＿＿＿＿＿＿＿ ＿＿＿＿＿＿＿＿ my family.

☐ ❸ 私たちは子供たちに注意を払うべきです。

We should ＿＿＿＿＿＿＿＿ attention ＿＿＿＿＿＿＿＿ children.

☐ ❹ １日に３回この薬を飲みなさい。

Take this medicine three ＿＿＿＿＿＿＿＿ a ＿＿＿＿＿＿＿＿.

☐ ❺ 彼は試験に受かりました。

He ＿＿＿＿＿＿＿＿ the ＿＿＿＿＿＿＿＿.

☐ ❻ 彼は何百冊もの本を持っています。

He has ＿＿＿＿＿＿＿＿ ＿＿＿＿＿＿＿＿ books.

☐ ❼ 最初は，私は不安でした。

＿＿＿＿＿＿＿＿ ＿＿＿＿＿＿＿＿, I was nervous.

☐ ❽ 私は彼の言葉を理解するようになりました。

I ＿＿＿＿＿＿＿＿ ＿＿＿＿＿＿＿＿ understand his words.

☐ ❾ 私の友達は旅行を楽しみました。これに対して，私は疲れました。

My friends enjoyed the trip. On the ＿＿＿＿＿＿＿＿ ＿＿＿＿＿＿＿＿, I got tired.

☐ ❿ 私の母は花屋を経営しています。

My mother ＿＿＿＿＿＿＿＿ a flower shop.

☐ ⓫ この本はおもしろいばかりでなく役にも立ちます。

This book is not only interesting ＿＿＿＿＿ ＿＿＿＿＿ useful.

❹

❷ この way は「やり方，方法」という意味。

❺

❶「友達」を表す名詞は単数形か複数形か？

❷ スピーチのはじめの言葉としてよく使われる表現。

❹ a ～で「～につき」を表す。

❺ 動詞は過去形にする。

❻「多数の～」という意味でも使われる。

> ●「たくさんの～」
> ・many ～（数えられる名詞のみ）
> ・a lot of ～（数えられない名詞もOK）
> ※ a lot は「大いに」という意味で very much と似た意味。

⓫ not only ～ と組み合わせた表現。

Unit 6 Work Experience ~ You Can Do It! 2

🟡ヒント

❻ 次の文の____に適切な接続詞を，下から１つずつ選んで書きなさい。ただし，同じ語を２度使わないこと。

❻
「時」「条件」「理由」を表すものと，「〜ということ」を表すものがある。

□ **❶** I study English _____ I want to work abroad in the future.

□ **❷** I believe _____ we can win.

□ **❸** My brother was watching TV _____ I came back.

□ **❹** Can you help me _____ you are not busy?

> when   if   that   because

❼ 次の文と同じ用法・意味の不定詞を下線部に含む文を下から１つずつ選び，記号で答えなさい。

❼
●不定詞の３用法
①名詞的用法：目的語・主語・補語になる。
②形容詞的用法：前の(代)名詞を修飾する。
③副詞的用法：目的，感情の原因を示す。

□ **❶** He went to America to study music.　　　　（　　　）

□ **❷** She likes to sing.　　　　　　　　　　　　（　　　）

□ **❸** I have many things to do today.　　　　　（　　　）

□ **❹** I'm glad to see you.　　　　　　　　　　　（　　　）

　　㋐ I was sad to watch the movie.

　　㋑ I want to talk with you.

　　㋒ I got up early to run in the park.

　　㋓ Would you like something to drink?

❽ 次の文をほぼ同じ内容の文に書き替えるとき，____に適切な語を書きなさい。

❽
❶「目的」を表す。
❷「理由」を表す。
❸接続詞thatは省略されている。
❹then「そのとき」
❺continue 〜「〜を続ける」

□ **❶** I went to the shop and bought a new bag.

　　I went to the shop _____ _____ a new bag.

□ **❷** She was happy because she got a letter from Tom.

　　She was happy _____ _____ a letter from Tom.

□ **❸** I think he is kind. Do you think so?

　　Do you think _____ _____ kind?

□ **❹** I left my house in the morning. It was sunny then.

　　It was sunny _____ _____ left my house in the morning.

□ **❺** I will continue playing soccer.

　　I will continue _____ _____ soccer.

9 次の英文を日本語にしなさい。

□ **1** He studies every day to become a good doctor.

(　　　　　　　　　　　　　　　　　　　　　　　)

□ **2** I was excited to read the book.

(　　　　　　　　　　　　　　　　　　　　　　　)

□ **3** She cannot come here because she is busy.

(　　　　　　　　　　　　　　　　　　　　　　　)

□ **4** When you lose the match, you may feel down.

(　　　　　　　　　　　　　　　　　　　　　　　)

10 次の日本語に合う英文になるように，（　）内の語(句)を並べ替えなさい。

□ **1** 私は先生が多くのことをするのを手伝いました。

(the teacher / things / I / with / helped / a lot of).

_____.

□ **2** 彼^{かれ}らはうまく理解し合うことができました。

(able / well / to / they / were / communicate).

_____.

□ **3** 私は働くことは簡単ではないということを学びました。

(that / working / easy / I / isn't / learned).

_____.

□ **4** 私はきのうは雨のために家にいました。

(the rain / stayed / of / I / because / home).

_____.

11 次の日本語を（　）内の指示にしたがって英文にしなさい。

□ **1** 私は何冊かの本を借りるために図書館へ行きました。(不定詞を使って)

_____

□ **2** 私はあなたの言葉を聞いてうれしく思います。(不定詞を使って)

_____

□ **3** 彼女は早く起きたので，公園まで歩きました。(Becauseで始めて)

_____

ヒント

9
1 不定詞to become ～の意味に注意。
2 不定詞to read ～の意味に注意。
3 接続詞becauseに注意。
4 **✕ ミスに注意**
助動詞mayには，「～してよい」以外の意味もある。

10
1 help ～ with … で「～が…するのを手伝う」を表す。
2 「～することができる」をbe動詞を使って表す。
3 「～ということを学んだ」を接続詞thatを使って表す。

11
1 「借りるために」という目的を表す。
2 「～の言葉を聞いて」は「うれしく思う」という感情の原因。
3 becauseに続く部分が「理由」を表す。

Unit 6 Work Experience ～ You Can Do It! 2

Step 3 **予想テスト** : **Unit 6 Work Experience ~ You Can Do It! 2**

30分　目標80点　　/100点

❶ 次の日本語に合う英文になるように，＿＿＿に入る適切な語を書きなさい。 知 12点（各6点）

❶ 私は彼が宿題をするのを手伝いました。　I helped ＿＿＿＿ ＿＿＿＿ his ＿＿＿＿.

❷ 私は質問に答えることができました。　　I ＿＿＿＿ ＿＿＿＿ ＿＿＿＿ answer the questions.

❷ 次の日本語に合う英文になるように，（　）内の語（句）を並べ替えなさい。 知 18点（各6点）

❶ 私は友人に会うために駅へ行きました。

(to / to / I / my friend / went / see / the station).

❷ 私はそれを聞いて驚きました。　（ that / surprised / hear / was / I / to ）.

❸ 私は絵を描くことが好きなので，芸術家になりたいです。

I want (be / pictures / I / drawing / because / to / an artist / like).

❸ 次の会話文を読んで，あとの問いに答えなさい。 知 20点（各5点）

Teacher:　Ashim, this is Kota. He's here ①(⑦ helping　⑦ to help　⑦ help) you.
Kota:　Hi, I'm Kota.
Ashim:　Hi, I'm Ashim.
Kota:　　②
Ashim:　Nepal.
Kota:　　③ 　We'll make a kite today. Do you fly kites in Nepal?
Ashim:　Yes. A kite is a *changa* ④(⑦ in　⑦ with　⑦ for) Nepali.

❶ ①，④の（　）内から適切な語（句）を選び，記号で答えなさい。

❷ ②，③の□□□に適切な文を次から1つずつ選び，記号で答えなさい。

　⑦ I see.　　⑦ See you soon.　　⑦ Where are you from?　　⑤ What's this?

❹ 次の羽生結弦(Hanyu Yuzuru)選手のインタビュー記事を読んで，あとの問いに答えなさい。 知 表 42点（各6点）

　One big event in my life was the Great East Japan Earthquake. I was 16 years old (　①　) I experienced ②it in Sendai. When I saw the photos of the tsunami areas, I felt very, very sad. I will never forget it. I also felt scared (　③　) the disaster took away everything so quickly. I didn't feel safe in my everyday life. I couldn't use the ice-skating rink, and I couldn't think about skating.

羽生結弦　インタビュー記事より

❶ ①，③の（　）に適切な語を次から１つずつ選び，記号で答えなさい。ただし，同じ語を２度使わないこと。

　　㋐ when　　　　　㋑ if　　　　　㋒ because

❷ 下線部②が示すものを本文中の英語５語で書きなさい。

❸ 羽生選手ができなかったことを２つ日本語で書きなさい。

❹ 次の文が本文の内容に合っていれば○を，合っていなければ×を書きなさい。

　　ⓐ Yuzuru felt very sad to see the photos of the tsunami areas.

　　ⓑ Yuzuru felt safe after the earthquake.

❺ あなたはどの季節が好きかを，その理由も含めて１文の英文で書きなさい。 表　　　8点

❶	❶			
	❷			
❷	❶			.
	❷			.
	❸ I want			.
❸	❶ ①	④	❷ ②	③
❹	❶ ①	③		
	❷			
	❸ ・			
	・			
	❹ ⓐ	ⓑ		
❺				

Step 1 基本チェック Unit 7 Amazing Australia ~ Active Grammar 8
10分

■ 赤シートを使って答えよう!

❶ [比較級]

解答欄

□❶ 日本はカナダよりも小さいです。

Japan is [smaller] than Canada.

❶ _____

□❷ 私はケンよりも速く泳ぐことができます。

I can swim faster [than] Ken.

❷ _____

❷ [最上級]

□❶ This pencil is the [long / longest] of all.

❶ _____

□❷ My mother gets up the [early / earliest] in my family.

❷ _____

POINT

❶ [比較級]

①2つのものを比べて「…よりも~」と言うときは,〈比較級 + than …〉を用いる。

②比較級は,形容詞または副詞の語尾に -(e)r を付けて作る。

┌large の比較級

・Australia is larger than Japan. [オーストラリアは日本よりも大きいです。]
　　　　　　　　└「~よりも」 └比べる対象

❷ [最上級]

①3つ以上のものを比べて「(…の中で)いちばん~」と言うときは,〈the + 最上級(+ of[in] …)〉を用いる。「~の中で」は〈of + 複数を表す語句〉,〈in + 場所・集団を表す語句〉を使う。

②最上級は,形容詞または副詞の語尾に -(e)st を付けて作る。

┌最上級の前に置く(副詞の最上級の場合は省略することがある)

・Australia is the largest island in the world.
　　　　　　　　└large の最上級 └「~の中で」:比べる範囲

[オーストラリアは世界でいちばん大きい島です。]

-er, -est の付け方		原級(元の形)	比較級	最上級
下記以外の語	-er, -est を付ける。	small	smaller	smallest
e で終わる語	-r, -st を付ける。	large	larger	largest
その他	y を i にかえて -er, -est を付ける。	easy	easier	easiest
	語尾の子音字を重ねて -er, -est を付ける。	big	bigger	biggest

❸ ［more，mostを使う比較］

☐❶ Math is [　more　 / 　most　] difficult than science for me.

☐❷ He is the [　more　 / 　most　] famous teacher in this school.

❶ _____

❷ _____

❹ ［同等比較］

☐❶ 私はあなたと同じ年です。

I'm as [old] as you.

☐❷ 彼(かれ)はあなたほど忙(いそが)しくありません。

He is [not] as [busy] as you.

❶ _____

❷ _____

POINT

❸ ［more，mostを使う比較］

比較的つづりの長い形容詞や副詞の比較級，最上級は，語の前にmore，mostを置く。

┌popularの比較級　popularは変化しない

・Rugby is more popular than soccer in Australia.

［オーストラリアではラグビーはサッカーよりも人気があります。］

┌popularの最上級　popularは変化しない

・Which sport is the most popular in Australia?

［オーストラリアではどのスポーツがいちばん人気がありますか。］

原級	比較級	最上級
popular	more popular	most popular
difficult	more difficult	most difficult
interesting	more interesting	most interesting
easily	more easily	most easily

❹ ［同等比較］

①２つのものを比べて「…と同じくらい〜」と言うときは，〈as＋原級＋as ...〉を用いる。

┌形容詞[副詞]の原級

・Uluru is as tall as Tokyo Tower.　［ウルルは東京タワーと同じくらい高いです。］

└比べる対象

②as 〜 as ...の否定形〈not as＋原級＋as ...〉は「…ほど〜ではない」という意味になる。

・ The Statue of Liberty is not as tall as Tokyo Tower.

〈not as＋原級＋as〉

［自由の女神像(めがみ)は東京タワーほど高くありません。］

= Tokyo Tower is taller than the Statue of Liberty .

〈比較級＋than〉

［東京タワーは自由の女神像よりも高いです。］

Step 2 予想問題 · Unit 7 Amazing Australia ~ Active Grammar 8

40分
(1ページ10分)

❶ 次の❶~❿は意味を日本語で書き，⓫~⓴は英語にしなさい。

ヒント

□❶ continent （　　　　）　□❷ natural （　　　　）
□❸ site （　　　　）　□❹ expensive （　　　　）
□❺ million （　　　　）　□❻ national （　　　　）
□❼ local （　　　　）　□❽ fact （　　　　）
□❾ population （　　　　）　□❿ hemisphere （　　　　）
□⓫ 湖 _____　□⓬ 川，河川 _____
□⓭ 岩 _____　□⓮ 人形 _____
□⓯ 野菜 _____　□⓰ 果物 _____
□⓱ 文化 _____　□⓲ 地球 _____
□⓳ ラグビー _____　□⓴ フットボール_____

❶
❷natureの形容詞形。
❹値段・価値に関係する形容詞。
❺数の単位を表す語。
⓲つづりを正確に覚えよう。

❷ 次の各組の下線部の発音が同じなら〇を，異なるなら×を書きなさい。

□❶ { m<u>o</u>st / l<u>o</u>cal }　　□❷ { p<u>ea</u>ch / tr<u>ea</u>sure }　　□❸ { s<u>ou</u>thern / l<u>u</u>nchbox }

（　　）　　　　　　（　　）　　　　　　（　　）

❸ 次の語の比較級・最上級を書きなさい。ただし，2語になる場合もあります。

比較級　　　　　　最上級

□❶ nice _____　_____
□❷ happy _____　_____
□❸ hot _____　_____
□❹ difficult _____　_____
□❺ easily _____　_____

❸
❶eで終わる語。
❷yで終わる語。
❸語尾に注意。
❹つづりの長い語
❺ **×ミスに注意**
easilyは，つづりの長い語と同じ変化をする。

❹ 次の文の（　）内から適切な語を選び，〇で囲みなさい。

□❶ This river is longer (than, from, as) that one.
□❷ My car is the oldest (in, of, for) the three.
□❸ I'm the tallest student (in, of, for) my class.

❹
❶longerは比較級。
❷❸最上級の文の「~の中で」の表し方。

❺ 次の日本語に合う英文になるように，＿＿に適切な語を書きなさい。

❶ この地域はとてもおいしい果物で有名です。

This area is ＿＿＿＿＿＿＿＿＿＿＿＿ its delicious fruits.

❷ 私は納豆_{なっとう}が好きです。実のところ毎日食べます。

I like *natto*. ＿＿＿＿＿＿＿＿ ＿＿＿＿＿＿＿＿, I eat it every day.

❸ 夏が好きな人がいる一方で，冬が好きな人もいます。

＿＿＿＿＿＿＿＿ people like summer. ＿＿＿＿＿＿＿＿ like winter.

❹ この都市の人口は東京の人口の約5分の1です。

This city's population is about ＿＿＿＿＿＿＿＿ ＿＿＿＿＿＿＿＿ of Tokyo's population.

❺ 私はきのう，50枚より多くの写真を撮_とりました。

I took ＿＿＿＿＿＿＿＿ ＿＿＿＿＿＿＿＿ fifty pictures yesterday.

❻ 彼_{かれ}は怒っているに違_{ちが}いありません。

He ＿＿＿＿＿＿＿＿ ＿＿＿＿＿＿＿＿ angry.

❺
❷「事実」という意味の名詞を使う。
❹英語の分数の言い方。
❺「51枚以上の写真を撮った」ということ。
❻「〜に違いない」は助動詞を使って表す。

❻ 次のメモの内容に合う英文になるように，＿＿に適切な語を書きなさい。

〈メモ〉

・犬を3匹飼っている。
・名前はコロ（Koro），モモ（Momo），レオ（Reo）
　❶ コロがいちばん大きい。
　❷ モモの方がレオよりも小さい。
　❸ コロとモモは同じくらい速く走る。
　❹ レオはコロとモモほど速く走らない。
　❺ いちばんわくわくすることは彼らと公園で遊ぶこと。

❶ Koro is ＿＿＿＿＿＿＿＿ ＿＿＿＿＿＿＿＿ dog of the three.

❷ Momo is ＿＿＿＿＿＿＿＿ ＿＿＿＿＿＿＿＿ Reo.

❸ Koro runs ＿＿＿＿＿＿＿＿ ＿＿＿＿＿＿＿＿ ＿＿＿＿＿＿＿＿ Momo.

❹ Reo ＿＿＿＿＿＿＿＿ run ＿＿＿＿＿＿＿＿ ＿＿＿＿＿＿＿＿ as Koro and Momo.

❺ The ＿＿＿＿＿＿＿＿ ＿＿＿＿＿＿＿＿ thing is ＿＿＿＿＿＿＿＿ with them in the park.

❻
●比較の文
①2つを比べて「…よりも〜」〈比較級＋than ...〉
②2つを比べて「…と同じくらい〜」〈as＋原級＋as ...〉
③3つ以上を比べて「（…で）いちばん〜」〈the＋最上級（＋in [of] ...)〉

❹「…ほど〜ではない」は「…と同じくらい〜」の否定形。

点UP

❼ 次の文を（ ）内の指示にしたがって書き替えるとき，＿＿に適切な語を書きなさい。

☐ **❶** Basketball is popular in my class.
（「テニスよりも」という意味を加えた文に）
Basketball is ＿＿＿＿＿＿ ＿＿＿＿＿＿ ＿＿＿＿＿＿
tennis in my class.

☐ **❷** This is a wonderful picture.
（「これは全ての中でいちばんすばらしい絵です。」という意味の文に）
This is the ＿＿＿＿＿＿ ＿＿＿＿＿＿ picture
＿＿＿＿＿＿ all.

☐ **❸** Tom is 14 years old. And my brother is also 14 years old.
（ほぼ同じ内容の１文に）
Tom is as ＿＿＿＿＿＿ ＿＿＿＿＿＿ my brother. They
are 14 years old.

☐ **❹** My hair is longer than hers.
（ほぼ同じ内容の文に）
Her hair is not ＿＿＿＿＿＿ ＿＿＿＿＿＿ as mine.

☐ **❺** Soccer is more exciting than rugby.
（この文が答えとなる疑問文に）
＿＿＿＿＿＿ is ＿＿＿＿＿＿ ＿＿＿＿＿＿, soccer
＿＿＿＿＿＿ rugby?

☐ **❻** What is important to play the piano well?
（「いちばん大切なことは毎日練習することだと思います」と応答する文に）
I think the ＿＿＿＿＿＿ ＿＿＿＿＿＿ thing is to
＿＿＿＿＿＿ every day.

❽ 次の英文を日本語にしなさい。

☐ **❶** This is the best way to study English.
（   ）

☐ **❷** We need more books.
（   ）

☐ **❸** He is one of the most famous writers in Japan.
（   ）

☐ **❹** Australian Football is a mix of soccer and rugby.
（   ）

52 ［解答 ▶ pp.15-17］

❼ヒント

❶ ２つを比べる文に。

❷ **✕｜ミスに注意**
３つ以上を比べる文に。all「全て」は複数を表す語。前にinを入れるか，ofを入れるか考える。

❸ ～ years old「～歳」２人は年が同じ。

❹ 否定文であることに注意。

❺ 「どちら，どれ」という意味の疑問詞で始める。

❻ important「大切な」はつづりの長い形容詞。

❽

❶❷

●不規則に変化する形容詞・副詞
・good / well
　－ better － best
・many / much
　－ more － most

❾ 次の日本語に合う英文になるように，（　）内の語(句)や符号を並べ替えなさい。

☐ **❶** 英語を話すことはそれを書くことよりも簡単です。

(easier / writing / speaking / than / English / is) it.

_____ it.

☐ **❷** 3つの中でこのケーキがいちばんおいしいです。

(most / is / of / the / this cake / the three / delicious).

_____ .

☐ **❸** それは日本で2番目に高い山です。

(Japan / mountain / it's / the / second-highest / in).

_____ .

☐ **❹** 私の辞書はあなたの辞書と同じくらい役に立ちます。

(yours / as / my dictionary / as / useful / is).

_____ .

☐ **❺** この映画はあの映画ほどおもしろくありませんでした。

(as / this movie / interesting / that one / wasn't / as).

_____ .

☐ **❻** このTシャツとあの帽子では，どちらがより値段が高いですか。

(expensive / is / or / more / this T-shirt / which / ,) that cap?

_____

that cap?

❿ 次の日本語を英文にしなさい。❹❺は（　）内の指示にしたがうこと。

☐ **❶** 私の父は私の母よりも慎重です。

_____

☐ **❷** これは世界でいちばん長い川です。

_____

☐ **❸** この国では野球がいちばん人気のあるスポーツです。

_____

☐ **❹** 私はあなたと同じくらいの身長です。(tallを使って)

_____

☐ **❺** この人形は私の人形ほどかわいくありません。(mineを使って)

_____

ヒント

❾
❶ 動名詞が主語の文。
❷ つづりの長い形容詞の最上級。
❸「2番目に〜」も最上級の文と同じ形を使う。
❹「あなたの辞書」
＝「あなたのもの」
❺ that one
＝ that movie
❻ コンマ(,)を忘れずに。

❿
❶ **ミスに注意**
2つを比べる文では，主語と比べる相手を間違えないように。比べる相手＝「私の母」
❺「私の人形」＝「私のもの」

Unit 7 Amazing Australia ~ Active Grammar 8

Step 3 予想テスト　**Unit 7 Amazing Australia ～ Active Grammar 8**　　30分　/100点　目標80点

❶ 次の日本語に合う英文になるように，____に入る適切な語を書きなさい。知 18点(各6点)

① 私たちの町は温泉で有名です。　Our town _____ _____ _____ its hot springs.

② 200万人より多くの人々が昨年この場所を訪れました。

_____ _____ _____ million people visited this place last year.

③ この本とあの本では，どちらがよりおもしろいですか。

_____ is _____ interesting, this book _____ that one?

❷ 次の日本語に合う英文になるように，( )内の語(句)を並べ替えなさい。知 18点(各6点)

① その木は私の家よりも高いです。（ taller / the tree / my house / is / than ）.

② いちばん大切なことはあなたの最善を尽くすことです。

(important / is / the / your / most / best / to do / thing).

③ 私は私の母ほど早く起きません。

(my mother / get / early / I / as / as / don't / up).

❸ 次の会話文を読んで，あとの問いに答えなさい。知　20点(各5点)

A: I have a question. What is the most popular sport in Australia?
B: Well, I think rugby is more popular ①(㋐ than　㋑ of) soccer.
A: ② 　Many people love rugby, but it's not the most popular.
C: I know the answer. It ③(㋐ must　㋑ has to) be Australian Football.
A: ④ 　Australian Football is the most popular in Australia.

① ①，③の( )内から適切な語(句)を選び，記号で答えなさい。

② ②，④の□に適切な文を次から1つずつ選び，記号で答えなさい。

㋐ No problem.　㋑ Exactly!　㋒ Excuse me.　㋓ Not bad.

❹ 次の文を読んで，あとの問いに答えなさい。知 表　24点(各6点)

Some people say Australia is the (①) island in the world. Others say it's the (②) continent. Australia is larger than Japan, but ③its population is smaller than Japan's. In fact, Australia's population is about one fifth of Japan's population.

❶ ①，②の（ ）に入る語の組み合わせとして適切なものを次から選び，記号で答えなさい。

　　㋐ ① larger　② smaller　　　㋑ ① smaller　② larger

　　㋒ ① largest　② smallest　　　㋓ ① smallest　② largest

❷ 下線部③の具体的な内容を日本語で書きなさい。

❸ 次の文が本文の内容に合っていれば○を，合っていなければ×を書きなさい。

　　ⓐ Some people say Japan is the smallest island in the world.

　　ⓑ Japan is not as large as Australia.

❺ 右の表は日本の川の長さを表したものです。表の内容に合うように，❶比較級，❷最上級を使って，川の長さを比較する英文を書きなさい。 表　　20点(各10点)

川の名前	長さ
the Shinano River（信濃川）	367km
the Tone River（利根川）	322km
the Ishikari River（石狩川）	268km

❶	❶			
	❷			
	❸			
❷	❶			
	❷			
	❸			
❸	❶ ①	③	❷ ②	④
❹	❶			
	❷			
	❸ ⓐ	ⓑ		
❺	❶			
	❷			

Step 1 基本チェック

Unit 8 Staging a Musical ~ Let's Read 3 Emojis - From Japan to the World ⏱ 10分

■ 赤シートを使って答えよう！

❶ [受け身の文]

解答欄

☐ ❶ Baseball [plays / is played] all over the world.　❶

☐ ❷ This castle [is / was] built 400 years ago.　❷

☐ ❸ この歌は子供たちに愛されています。　❸

　　This song is [loved] [by] children.

☐ ❹ この小説は彼 <ruby>彼<rt>かれ</rt></ruby> によって書かれましたか。　❹

　　—いいえ，書かれませんでした。

　　[Was] this novel written by him?　— No, it [wasn't].

☐ ❺ 英語はこの国では話されていません。　❺

　　English [isn't] [spoken] in this country.

POINT

❶ [受け身の文]

①動作を受けるものや人を主語にして「～され（てい）る」と言うときは，〈be動詞＋過去分詞〉の形を使う。be動詞は現在の文ではam, is, areを，過去の文ではwas, wereを使う。

過去分詞：規則動詞は過去形と同じ形，不規則動詞は過去形と異なる場合がある。

▷規則動詞は過去形と同じ。語尾 <ruby>語尾<rt>ご び</rt></ruby> に-(e)dを付ける。　（例）play－played－played

▷不規則動詞は不規則に変化する。　　　　　（例）write－wrote－written

　　　　　┌動作を受けるもの
・It's still <u>performed</u> all over the world.　[それは今でも世界中で上演されています。]
　　　　　└─────────── 〈be動詞＋過去分詞〉

②「～によって（…される）」と動作をする人を表すときは，by ～で表す。

・The songs were written <u>by Rodgers and Hammerstein.</u>
　　　　　　　　　　　　└「～によって」┘

　[その歌はロジャーズとハマースタインによって書かれました。]

③疑問文，否定文の作り方は普通 <ruby>普通<rt>ふ つう</rt></ruby> のbe動詞の文と同じ。

　　　┌be動詞を主語の前に
・<u>Is</u> it performed all over the world?　[それは世界中で上演されていますか。]

　— Yes, it is. / No, it isn't.　[はい，上演されています。／いいえ，上演されていません。]

・The songs were <u>not</u> written by them.　[その歌は彼らによって書かれたのではありません。]
　　　　　└be動詞の後にnot┘

❷ [（人・もの）を～にする／（人・もの）を～とよぶ]

☐ **❶** The song [made / was] me sad.

❶ _____

☐ **❷** Ken always makes us [happy / be happy].

❷ _____

☐ **❸** We [call / have] our dog Koro.

❸ _____

☐ **❹** My friends call [I / me] Hiro.

❹ _____

❸ [（人）に～して欲しい]

☐ **❶** 私はあなたに私の家に来て欲しいです。

❶ _____

I want [you] [to] come to my house.

☐ **❷** 私の両親は私に早く起きるように言いました。

❷ _____

My parents told me [to] [get] up early.

_____

POINT

❷ [（人・もの）を～にする／（人・もの）を～とよぶ]

①〈make＋人・もの＋形容詞〉は「（人・もの）を～にする」という意味を表す。

「人・もの」が代名詞のときは目的格になる。

・The stage makes me nervous. ［ステージは私を緊張させます。］
　　　　　　　　　 人（代名詞：目的格）┘ └形容詞

②〈call＋人・もの＋名詞〉は「（人・もの）を～とよぶ」という意味を表す。

「人・もの」が代名詞のときは目的格になる。

・We call our cat Felix. ［私たちは私たちの猫をフェリックスとよびます。］
　　　　　　 もの┘ └よばれている名前

❸ [（人）に～して欲しい]

①〈want＋人＋to＋動詞の原形〉は「（人）に～して欲しい（と思う）」という意味を表す。

「人・もの」が代名詞のときは目的格になる。

・She wants us to do our best. ［彼女は私たちに最善を尽くして欲しいと思っています。］
　　　　　　 人┘ └〈to＋動詞の原形〉

②同じ形で使うことができる動詞にtellやaskがある。

〈tell＋人＋to＋動詞の原形〉は「（人）に～するように言う［命じる］」という意味を表す。

・He told me to read many books. ［彼は私にたくさんの本を読むように言いました。］

〈ask＋人＋to＋動詞の原形〉は「（人）に～するように頼む」という意味を表す。

・Emi asked him to play the guitar. ［エミは彼にギターをひくように頼みました。］

Step 2 予想問題 ・ Unit 8 Staging a Musical ~ Let's Read 3 Emojis - From Japan to the World 【40分】(1ページ10分)

❶ 次の❶～❽は意味を日本語で書き，❾～⓰は英語にしなさい。 🔦ヒント

- ❶ actually （　　　）
- ❷ lonely （　　　）
- ❸ south （　　　）
- ❹ difference （　　　）
- ❺ often （　　　）
- ❻ performance （　　　）
- ❼ invent （　　　）
- ❽ period （　　　）
- ❾ カメラ ＿＿＿＿
- ❿ 星 ＿＿＿＿
- ⓫ 空 ＿＿＿＿
- ⓬ 波 ＿＿＿＿
- ⓭ 辞書，辞典 ＿＿＿＿
- ⓮ ～を意味する＿＿＿＿
- ⓯ 時計 ＿＿＿＿
- ⓰ 涙（なみだ）＿＿＿＿

❶
- ❶in factとほぼ同じ意味の副詞。
- ❸名詞でも使われるが，ここでは形容詞の意味。
- ❹differentの名詞形。
- ❺sometimesのように頻度を表す副詞。
- ❻performの名詞形。
- ⓯watchとは区別する。

❷ 次の語で最も強く発音する部分の記号を答えなさい。

- ❶ be-low　ア　イ　（　　）
- ❷ con-ven-ient　ア　イ　ウ　（　　）

❸ 次の文の（　）に適切な語（句）を下から選び，記号を〇で囲みなさい。

- ❶ Soccer is （　） in many countries.
  ⑦ play　⑦ played　⑦ playing
- ❷ This room （　） cleaned yesterday.
  ⑦ be　⑦ is　⑦ was
- ❸ （　） their songs loved all over the world?
  ⑦ Do　⑦ Is　⑦ Are
- ❹ This book is liked （　） children.
  ⑦ by　⑦ to　⑦ for
- ❺ This car （　） used last week.
  ⑦ isn't　⑦ wasn't　⑦ didn't
- ❻ The photos made everyone （　）.
  ⑦ sad　⑦ is sad　⑦ be sad
- ❼ Tom wanted Yumi （　） English.
  ⑦ speak　⑦ speaking　⑦ to speak

❸
- ❶～❺主語が何かを「されている」という意味の受け身の文。
- ❸疑問文。
- ❹「～によって」を表す前置詞。
- ❺否定文。last weekに注意。
- ❻このmadeは「作った」という意味ではない。
- ❼wantedの後にYumi（人）がある。

❹ 次の文の＿＿に，（ ）内の語を適切な形にかえて書きなさい。

☐❶ Breakfast is ＿＿＿＿＿＿ by my father on Sundays. （cook）

☐❷ English is ＿＿＿＿＿＿ in Australia. （speak）

☐❸ The letter was ＿＿＿＿＿＿ in Japanese. （write）

☐❹ The temple was ＿＿＿＿＿＿ 800 years ago. （build）

☐❺ This doll was ＿＿＿＿＿＿ by my sister. （make）

☐❻ My dog was helped by ＿＿＿＿＿＿. （they）

☐❼ Her grandparents call ＿＿＿＿＿＿ Miku-chan. （she）

❺ 次の日本語に合う英文になるように，＿＿に適切な語を書きなさい。

☐❶ いずれにせよ，私たちは行く必要があります。

In ＿＿＿＿＿＿ ＿＿＿＿＿＿, we have to go.

☐❷ キャンプに行きませんか。

Why ＿＿＿＿＿＿ ＿＿＿＿＿＿ go camping?

☐❸ せりふを忘れてはいけません。

Don't ＿＿＿＿＿＿ your ＿＿＿＿＿＿.

☐❹ 私はボールを左右に動かしました。

I moved the ball from side ＿＿＿＿＿＿ ＿＿＿＿＿＿.

☐❺ はじめから歌ってくれませんか。

Will you sing ＿＿＿＿＿＿ the ＿＿＿＿＿＿?

☐❻ 全力を尽くしましょう。

Let's ＿＿＿＿＿＿ it our best ＿＿＿＿＿＿!

☐❼ 私たちはお互いに助け合うべきです。

We should help ＿＿＿＿＿＿ ＿＿＿＿＿＿.

☐❽ きのう起きたときに，私は具合が悪かったのです。それが私がそこへ行かなかった理由です。

I felt sick when I got up yesterday. ＿＿＿＿＿＿ ＿＿＿＿＿＿ I didn't go there.

☐❾ 彼女は英語と中国語のどちらも話します。

She speaks ＿＿＿＿＿＿ English ＿＿＿＿＿＿ Chinese.

☐❿ 私はニューヨークで生まれました。

I ＿＿＿＿＿＿ ＿＿＿＿＿＿ in New York.

ヒント

❹

●不規則動詞の過去分詞
①過去形と同じ。
　buy-bought
　　-bought
②原形・過去形と違う。
　take-took-taken
③原形と同じ。
　come-came-come
などさまざま。
1つ1つ覚えよう。

❺

❷ **✗ ミスに注意**
「～したらどうですか。」と提案する表現と似ているが，こちらはいっしょに「～しませんか。」と誘う表現。主語に注意しよう。

❹ side は「片側」という意味。

❽理由を言った後に使う表現。

❾「両方の」という意味の語を使う。

❿be動詞を使う。

Unit 8 Staging a Musical ~ Let's Read 3

点UP

💡ヒント

❻ 次の文を（ ）内の指示にしたがって書き替えるとき，＿＿に適切な語を書きなさい。

☐ **❶** Many people visit Kyoto every year.　（受け身の文に）
Kyoto ＿＿＿＿＿＿ ＿＿＿＿＿＿ ＿＿＿＿＿＿ many people every year.

☐ **❷** They built the tower in 2012.　（受け身の文に）
The tower ＿＿＿＿＿＿ ＿＿＿＿＿＿ in 2012.

☐ **❸** Japanese history is studied now.　（疑問文と応答の文に）
＿＿＿＿＿＿ Japanese history ＿＿＿＿＿＿ now?
— Yes, ＿＿＿＿＿＿ ＿＿＿＿＿＿.

☐ **❹** Japanese is spoken in his class.　（否定文に）
Japanese ＿＿＿＿＿＿ ＿＿＿＿＿＿ in his class.

☐ **❺** This camera was invented about 200 years ago.
（下線部をたずねる疑問文に）
＿＿＿＿＿＿ ＿＿＿＿＿＿ this camera ＿＿＿＿＿＿?

☐ **❻** When I listen to music, I become happy.　（ほぼ同じ内容の文に）
Listening to music ＿＿＿＿＿＿ ＿＿＿＿＿＿ happy.

☐ **❼** They call the rock Uluru.　（下線部をたずねる疑問文に）
＿＿＿＿＿＿ do they ＿＿＿＿＿＿ the rock?

❼ 次の英文を日本語にしなさい。

☐ **❶** This musical was first performed in New York.
（　　　　　　　　　　　　　　　　　　　　　　　　）

☐ **❷** This movie is based on a Japanese anime.
（　　　　　　　　　　　　　　　　　　　　　　　　）

☐ **❸** He wanted her to be a teacher.
（　　　　　　　　　　　　　　　　　　　　　　　　）

☐ **❹** No one believed him.
（　　　　　　　　　　　　　　　　　　　　　　　　）

☐ **❺** On one hand, I like playing outdoors. On the other hand, my sister likes staying home.
（　　　　　　　　　　　　　　　　　　　　　　　　）

❻
❶受け身でない文の目的語を主語にして，受け身の文にする。
I use this car.（目的語）
This car is used（主語）
by me.（もとの主語）

❷
●by ～がない受け身の文
動作をする人を述べる必要がない場合はby ～はなくてよい。

❸〜❺ ✖ミスに注意
受け身の疑問文・否定文では過去分詞は変化しない。
❼「～を何とよびますか。」とたずねる。

❼
❶first「まず最初に」
❷base「～をもとにする」
❸ ✖ミスに注意
〈want＋人＋to ～〉の文は，誰がto ～の動作をするのかに気をつける。
❹No one ～.「誰も～ない。」

ヒント

⑧ 次の日本語に合う英文になるように，（　）内の語(句)を並べ替えなさい。

□ **①** その寺はボランティアによって掃除_{そうじ}されます。

（ by / the temple / cleaned / is / volunteers ）.

_____.

□ **②** 英語を話すことは私を緊張_{きんちょう}させます。

（ English / nervous / makes / me / speaking ）.

_____.

□ **③** 彼_{かれ}のアイデアがパーティーをおもしろくしました。

（ interesting / idea / the party / his / made ）.

_____.

□ **④** 私の父は私に京都に行って欲_ほしいと思っています。

（ me / go / my father / to / to / wants / Kyoto ）.

_____.

□ **⑤** 私たちのコーチは私たちに懸命_{けんめい}に練習するように言いました。

（ to / our coach / us / hard / told / practice ）.

_____.

□ **⑥** 私は彼女_{かのじょ}に一緒に買い物に行くように頼_{たの}みました。

（ to / together / I / shopping / her / go / asked ）.

_____.

⑨ 次の日本語を（　）内の語を使って英文にしなさい。

□ **①** 彼女はみんなから愛されています。（everyone）

_____

□ **②** この小説は10年前に書かれました。（novel）

_____

□ **③** その試合は私をわくわくさせました。（match）

_____

□ **④** 彼の友人たちは彼をケン(Ken)とよびます。（call）

_____

□ **⑤** 私はあなたにこの辞書を使ってもらいたいです。（want）

_____

□ **⑥** この計画は彼の本によって着想がもたらされました。（inspire）

_____

⑧
①「～によって」を最後に置く。
②主語が動名詞。
③「(人・もの)を～にする」 make の後ろは「人」だけではなく「もの」の場合もある。
④「(人)に～して欲しい」
⑤「(人)に～するように言う」
⑥「(人)に～するように頼む」

⑨
①受け身の文。「みんなから」→「みんなによって」
②by ～のない受け身の文。
④「(人・もの)を～とよぶ」
⑤「辞書を使う」のは「私」ではなく「あなた」。want you を使う。

Step 3 予想テスト ・・・ **Unit 8 Staging a Musical ~ Let's Read 3 Emojis - From Japan to the World** 30分 /100点 目標80点

❶ **次の日本語に合う英文になるように，____に入る適切な語を書きなさい。** 知 15点(各5点)

❶ 私たちは彼女をアミとよびます。　We ＿＿＿＿ ＿＿＿＿ Ami.

❷ 彼はトランペットを左右に動かしました。

He moved his trumpet ＿＿＿＿ side ＿＿＿＿ side.

❸ 美術館に行きませんか。　　　Why ＿＿＿＿ ＿＿＿＿ go to the museum?

❷ **次の日本語に合う英文になるように，（　）内の語(句)を並べ替えなさい。** 知 15点(各5点)

❶ 英語は多くの国で話されています。

(is / in / spoken / countries / English / many).

❷ その歌は多くの人々を幸せにします。

(makes / the song / happy / many people).

❸ 私の母は私に皿洗いをするように言いました。

(me / the dishes / my mother / wash / told / to).

❸ **次の対話文の（　）に適切な語(句)を下から選び，記号で答えなさい。** 知 15点(各5点)

❶ *Tina:*　How about *The Sound of Music*?

Eri:　　That's good, too. It's still performed all over the world.

Tina:　Yeah. The songs (　　) by Rodgers and Hammerstein.

㋐ wrote　　㋑ were to write　　㋒ were written　　㋓ were writing

❷ *Hajin:*　I don't know anything about acting or dancing. Actually, the stage (　　) nervous!

Eri:　　Don't worry. We can practice together.

㋐ is not　　㋑ makes me　　㋒ comes to　　㋓ doesn't make

❸ *Kota:*　Why is Eri so strict?

Hajin:　She just wants (　　) our best.

㋐ to us doing　　㋑ to us do　　㋒ us doing　　㋓ us to do

❹ **次の文を読んで，あとの問いに答えなさい。** 知 表 35点(各7点)

Emojis ①(　　)(　　) in Japan, but now ②they are used by people around the world in different ways. There are a lot of languages and cultures in the world, and we sometimes misunderstand ③(　　)(　　). We should be careful when we choose our words. We should be careful when we choose our emojis, too!

❶ 下線部①が「生まれた」，下線部③が「お互い」という意味になるように，（　）に入る適切な語を書きなさい。

❷ 下線部②を，theyを具体的にして日本語にしなさい。

❸ 私たちはどんなときに慎重になるべきだと書かれていますか。日本語で2つ書きなさい。

❺ 次のような場合，英語で何と言えばよいか書きなさい。（　）内の指示にしたがうこと。

表　20点（各10点）

❶ 自分の家は5年前に建てられたと伝える場合。（my house を主語にして）

❷ 相手に，ピアノをひいて欲しいと思っていると伝える場合。（want を使って）

❶	①		②	
	③			
❷	①			.
	②			.
	③			.
❸	①	②	③	
❹	①	①		③
	②			
	③ ・			
	・			
❺	①			
	②			

テスト前 ☑ やることチェック表

① まずはテストの目標をたてよう。頑張ったら達成できそうなちょっと上のレベルを目指そう。

② 次にやることを書こう（「ズバリ英語〇ページ，数学〇ページ」など）。

③ やり終えたら□に✔を入れよう。

　最初に完ぺきな計画をたてる必要はなく，まずは数日分の計画をつくって，

　その後追加・修正していっても良いね。

目標

	日付	やること1	やること2
2週間前	／	☐	☐
	／	☐	☐
	／	☐	☐
	／	☐	☐
	／	☐	☐
	／	☐	☐
	／	☐	☐
1週間前	／	☐	☐
	／	☐	☐
	／	☐	☐
	／	☐	☐
	／	☐	☐
	／	☐	☐
	／	☐	☐
テスト期間	／	☐	☐
	／	☐	☐
	／	☐	☐
	／	☐	☐
	／	☐	☐

キリトリ線

英語2年 光村図書版

QRコードのページに登録すると，「ぴたリンク」からも表をダウンロードできるよ

テスト前 ✓ やること チェック表

① まずはテストの目標をたてよう。頑張ったら達成できそうなちょっと上のレベルを目指そう。
② 次にやることを書こう（「ズバリ英語〇ページ，数学〇ページ」など）。
③ やり終えたら□に✓を入れよう。
　最初に完ぺきな計画をたてる必要はなく，まずは数日分の計画をつくって，
　その後追加・修正していっても良いね。

目標

	日付	やること1	やること2
2週間前	／	☐	☐
	／	☐	☐
	／	☐	☐
	／	☐	☐
	／	☐	☐
	／	☐	☐
	／	☐	☐
1週間前	／	☐	☐
	／	☐	☐
	／	☐	☐
	／	☐	☐
	／	☐	☐
	／	☐	☐
	／	☐	☐
テスト期間	／	☐	☐
	／	☐	☐
	／	☐	☐
	／	☐	☐
	／	☐	☐

光村図書版 英語2年 ヒア ウィ ゴー! | 定期テスト ズバリよくでる | 解答集

Unit 1 ～ Active Grammar 1

pp.3-5 **Step 2**

❶ 1 明るく日の照る，晴れた　2 曇った
　3 ～を注文する　4 不安で，緊張して
　5 night　6 gift　7 program
　8 evening　9 radio　10 angry

❷ 1 ×　2 ○　3 ×

❸ 1 took　2 did　3 was　4 cleaning
　5 was baking

❹ 1 イ　2 ア　3 ウ

❺ 1 Long, no　2 There, are　3 for help
　4 come by　5 by myself

❻ 1 bought　2 Did, ride　3 didn't eat
　4 it wasn't　5 was writing
　6 Were, swimming　7 weren't playing
　8 What was, reading

❼ 1 私は昨夜，父と一緒に夕食を作りました。
　2 あなた(たち)は夕方に[晩に]どこにいましたか。
　3 私が犬を散歩させていたとき，その猫を見ました。
　4 私は彼女の声を聞いたとき，少し驚きました。

❽ 1 What were you doing at six(?)
　2 She was angry when I saw her(.)
　3 When I'm free, I read comic books(.)
　4 Can you sing the song for us(?)

❾ 1 She came to my house in the afternoon.
　2 They were running then.
　3 When she was a student, she liked English.[She liked English when she was a student.]

考え方

❶ 1 2 天候を表す語は，ほかにrainy「雨の，雨降りの」などがある。
　4 nervousは発音にも注意。

❸ 1 last year「昨年」があるので，過去形を選ぶ。
　2 Did ～?に答えるときはdidを使う。

3 Were you ～?に対する答えで，主語がIなのでwasを使う。

4 〈was＋動詞の-ing形〉の過去進行形にする。

5 前半の「私がおばあちゃんを訪ねたとき」に続く後半部分なので，「焼いていました」を表す過去進行形のwas bakingを選ぶ。

❹ 1 Isn't it great?「すばらしいよね。」　否定の疑問の形が，「～ですよね。」と相手の同意を求めるときに使われることもある。

2 What an honor!「なんと光栄なことでしょう。」　honor＝「名誉なこと，光栄なこと」という名詞を強調したい気持ちを，〈What＋(a[an]＋)名詞!〉の感嘆文で表している。

3 I know.「そうですよね。」と同意を表す。「わかる，わかる。」のような意味。

❺ 1 Long time no see.の形でまるごと覚える。

2 「そこに，そこで」＝there　語順に注意。

3 「人に～を頼む[求める]」＝〈ask＋人＋for ～〉

4 「(ちょっと)立ち寄る」＝come by

5 「一人で，自力で」＝by oneself　主語がIなのでmyselfを使う。

❻ 1 buyの過去形はbought。

2 rodeはride「～に乗る」の過去形。一般動詞の過去の疑問文は〈Did＋主語＋動詞の原形 ～?〉の形。

3 ateはeat「～を食べる」の過去形。一般動詞の過去の否定文は〈主語＋didn't＋動詞の原形 ～.〉の形。

4 Was[Were] ～?に答えるときはwas[were]を使い，Yes, ～ was[were]. / No, ～ was[were] not.と答える。主語the bookはitにする。was notの短縮形はwasn't。

5 write「～を書く」の過去形wroteを過去進行形〈was[were]＋動詞の-ing形〉に書き替える。主語はTomなのでwasを使う。writeはeをとって-ingを付ける。

6 一般動詞の過去の疑問文を過去進行形の疑

問文〈Was[Were]＋主語＋動詞の-ing形 〜?〉に書き替える。主語がyouなのでwereを使う。swimはmを重ねて-ingを付ける。

7 過去進行形の否定文はwas[were]の後ろにnotを置く。

8「彼はそのとき何を読んでいましたか。」という意味の文にする。疑問詞whatに過去進行形の疑問文の語順が続く。

❼ 1 last nightは「昨夜」。madeはmakeの過去形。「夕食を作りました」という過去の動作を表す。

2 このwereは「(〜に)いた」を表すので、「あなた(たち)はどこにいましたか」という意味になる。in the evening「夕方に，晩に」

3 walk「(動物)を散歩させる」 Whenに続く前半部分が「〜とき」を表す。この部分を過去進行形で表す。

4 whenに続く部分が後半に置かれているが，日本語では，「〜とき」を先に訳す。heardはhear「〜を聞く」の過去形。was surprised「驚いた」，a little「少し」

❽ 1 Whatに過去進行形の疑問文の語順が続く。

2 コンマがないので，「私が彼女に会ったとき」をwhen 〜の形で後半に置く。sawはsee「(人)に会う」の過去形。

3 コンマがあるので，「私が暇なときに」＝when I'm freeを前半に置く。

4 依頼を表すCan you 〜?「〜してくれませんか。」の形で表す。

❾ 1「〜に来た」はcomeの過去形を使ってcame to 〜で表す。「午後に」＝in the afternoon

2 過去進行形の文。主語が複数のtheyなのでbe動詞はwereを使う。runはnを重ねて-ingを付ける。「そのとき」＝thenは普通，文末に置く。

3 when 〜「〜とき」を文の前半に置くときは，when 〜の後にコンマを入れる。

pp.6-7 Step ❸

❶ 1 keep, diary **2** looking for **3** Can you
❷ 1 He had a video chat with his friend

three days ago(.)

2 I was not talking on the phone then(.)

3 I usually talk with my brother when I'm nervous(.)

❸ 1 ①**イ** ③**ア** **2** ②visited ④saw

❹ 1 She asked me for help(.)

2 excited about

3 ⓐHe went to the library.
ⓑNo, he wasn't.

❺ 1 Yes, I did.[No, I didn't[did not].]

2 (**例**)I got up at seven.

3 (**例**)I was taking a bath.

考え方

❶ 1「日記をつける」＝keep a diary

2「〜を探す」＝look for 〜 現在進行形の文なのでlookingを使う。

3「〜してくれませんか。」と人に頼むときはCan you 〜?で表す。

❷ 1「〜とビデオチャットをする」＝have a video chat with 〜 haveの過去形hadを使う。「〜前に」は〈期間を表す語(句)＋ago〉の語順。

2「そのとき〜していませんでした」なので，過去進行形の否定文にする。〈was not＋動詞の-ing形〉の語順。「電話で話す」＝talk on the phone

3「私が不安なとき」＝when I'm nervous

❸ 1 ①「冬休みはどうでしたか。」という文。③What else?「ほかに何かありますか。」

2 ②過去のことを話している。visitは規則動詞。④see「〜を見る」の過去形はsaw。

❹ 1「彼女は私に手伝ってくれるように頼みました。」

2「(人が)興奮して，わくわくして」＝excited

3 ⓐ「ハジンは放課後，どこへ行きましたか。」本文1文目を参照。
ⓑ「絵里が立ち寄ったとき，ハジンはバスケットボールをしていましたか。」 本文2文目を参照。過去進行形の疑問文にはwas[were]を使って答える。

❺ 1「あなたは春休みの間に本を読みましたか。」という問い。Did 〜? には did を使って答

2

える。

2 「あなたは今朝，何時に起きましたか。」という問い。getの過去形gotを使って答える。「～時に」は〈at＋時刻を表す数〉で表す。

3 「あなたは昨夜9時に何をしていましたか。」という問い。I was ～ing ....の形の過去進行形の文で答える。

Unit 2 ～ Daily Life 1

pp.9-11 **Step 2**

❶ 1 さらに多くの 2 仕事，作業 3 科学者 4 問題，課題 5 最近，ついこの間 6 城 7 difficult 8 easy 9 important 10 doctor 11 thing 12 novel

❷ 1 イ 2 イ

❸ 1 to buy 2 playing 3 drawing 4 To keep 5 taking

❹ 1 イ 2 エ 3 ア

❺ 1 Do, best 2 to get 3 thanks to 4 proud of 5 need, practice 6 kind of 7 did 8 This is 9 I speak

❻ 1 wants to watch 2 to ride 3 enjoyed having 4 I think winter

❼ 1 私の母は絵を描くことが好きです。 2 彼はシュートしようと試みて，うまくいきました。 3 私は，きっとあなたはそれをすることができると思います。 4 私は，これはよい考えではないと思います。 5 大切なことは毎日練習することです。

❽ 1 What time do you want to meet(?) 2 Listening to the radio is fun(.) 3 Do you know that he is a teacher(?)

❾ 1 I want to live in New York. 2 We enjoyed playing baseball. 3 Can you go shopping with me? 4 I think (that) math is difficult[hard].

考え方

❶ 1 〈more＋名詞〉で「さらに多くの～」。 5 「ついこの間（～した）」という過去を表すの

で，普通は現在の文では使われない。

❸ 1 wantの後は不定詞〈to＋動詞の原形〉が続く。want to buy ～「～を買いたい」 2 enjoyの後は動名詞が続く。enjoyed playing ～「～をして楽しんだ」 3 前置詞の後には動名詞が続く。be good at ～ing「～することが上手だ」 4 to keep your promise「約束を守ること（は）」が主語となっている。 5 taking pictures「写真を撮ること」が補語となっている。

❹ 1 What's wrong?「どうかしたのですか[何か調子が悪いのですか]。」 2 Congratulations!「おめでとう（ございます）。」 複数形となることに注意。 3 showは「～を見せる」という意味の動詞で，Please show me.は，実際にやって見せるなどして，教えて欲しいときなどに使う表現。

❺ 1 「最善を尽くす，頑張る」＝do one's best 2 「～しようと試みる[努力する]」＝〈try to ＋動詞の原形〉 3 「～のおかげで」＝thanks to ～ 4 「～を誇りにしている」＝be proud of ～ 5 justは「ただ～だけ」という意味。「～を必要とする」はneed。「練習」を表す名詞practiceは数えられない名詞なので，someの後で複数形にしない。 6 「どんな種類の～」＝what kind of ～ kindは「種類」という意味の名詞で，「親切な」という意味の形容詞kindとは異なる語。 7 「やりましたね。」と人をほめるときはYou did it!で表す。 8 電話で，話している人が「こちらは～です。」と名乗るときはThis is ～ (speaking).で表す。I'm ～.は普通は使わない。 9 「～さんに代わっていただけますか。」＝May I speak to ～?も電話での決まった表現。

❻ 1 「～したい（と思っている）」は〈want to＋動詞の原形〉で表す。wantは3人称単数現在の-sを付けてwantsとし，watchesは原形にする。 2 like ～ing＝〈like to＋動詞の原形〉

3 「ジェーンと私はきのう一緒に夕食を食べました。私たちはそれを楽しみました。」→「ジェーンと私はきのう一緒に夕食を食べることを[食べて]楽しみました。」という1文にする。hadはhaveの過去形。enjoyedの後なので動名詞のhavingにする。

4 「私は冬が最もよい季節だと思います。」という文にする。thatが省略されて，I thinkの後に〈主語＋動詞 ～〉が続く。

❼ **1** like ～ing「～することが好きだ」 painting picturesは「絵を描くこと」という意味になる。

2 triedが過去形なので，「～しようと試みた」という意味。it workedは「うまくいった」という意味を表す。動詞workは「働く」のほかに「(うまく)いく」という意味がある。

3 I'm sure (that) ～.は「私はきっと～だと思います。」という意味を表す。

4 I don't think (that) ～.「私は～ではないと思います。」

5 the important thing「大切なこと(は)」が主語。to practice every dayは「毎日練習すること」。不定詞が補語となる文。

❽ **1** What timeの後に疑問文の語順do you want to ～が続く。疑問文でも〈want to ＋動詞の原形〉の語順は変わらない。

2 「ラジオを聞くこと(は)」＝ listening to the radioが主語。

3 「あなたは～ということを知っていますか。」なので，Do you know that ～?の形に。「～」の部分は〈主語＋動詞 ～〉の語順にする。

❾ **1** 「～に住みたい」はwant to live in ～で表す。

2 「野球をして楽しみました」はenjoyed playing baseballで表す。

3 「～してくれませんか。」をCan you ～?で表す。「買い物に行く」＝ go shopping

4 I think (that)の後に〈主語＋動詞 ～〉の形math is difficult[hard]が続く。

pp.12-13 **Step 3**

❶ **1** What kind of **2** I'm sure that[I am sure]

❷ **1** ten years old, I wanted to be a teacher

2 favorite is to watch birds

3 I think reading books is interesting(.)

❸ **1** ①ウ ③イ **2** ②ア ④イ

❹ **1** not good at passing the ball

2 No problem

3 最善を尽くすこと[頑張ること]

4 イ

❺ **1** (例)I want to be a doctor.

2 (例)I think so, too. / I don't[do not] think so.

―――――――――――

考え方

❶ **1** 「どんな種類の～」＝ what kind of ～

2 「私はきっと～だと思います。」＝ I'm sure (that) ～.

❷ **1** 「私が10歳のとき」はwhen I was ten years oldで表す。コンマの後は「私は～になりたかった」をI wanted to be ～で表す。

2 「私の最も好きなことは～です。」＝ My favorite is ～. favoriteは形容詞「お気に入りの，いちばん好きな」としてだけでなく，名詞「最も好きなもの」としても使われる。「鳥を観察すること」をto watch birdsで表す。

3 「私は～だと思います。」という文なのでI thinkで始める。thinkの後のthatは省略されている。I thinkに「本を読むことはおもしろい」を表す〈主語＋動詞 ～〉が続く。この部分の主語はreading books。

❸ **1** ①電話で話すときは，Hello.の後に，まず自分の名を名乗ることがマナー。This is ～.で表す。

③What's up?「どうしたの[何があったの]。」

2 ②電話で「～さんに代わっていただけますか。」と言うときの決まった表現として覚える。May I ～?は「～してもよいですか。」と許可を求めるときの表現。

④「助けてくれませんか。」と依頼をするので，Can you ～?の形で表す。

❹ **1** 「私はボールをパスすることが上手ではありません。」

2 「問題ないよ。」＝ No problem.

3 最後の文でハジンは「大切なことは〜です。」と言っている。doing your bestを日本語で表す。

4 本文2行目参照。For beginnersのforは「(人)にとっては」という意味を表す前置詞。

❺ 1 I want to be 〜.でなりたい職業を答える。

2 相手の考えについて，自分もそう思うときはI think so, too.で表す。そう思わないときは，まずI don't think so.と述べる。その後に自分の意見を述べるとよい。

Unit 3 〜 Active Grammar 3

pp.15-17　**Step 2**

❶ 1 風　**2** 雨　**3** 衣服，身に着けるもの
4 〜を(無料で)借りる　**5** 情報
6 (声を出して)笑う　**7** finish
8 tomorrow　**9** believe　**10** e-mail
11 drive　**12** pizza

❷ 1 イ　**2** ア　**3** ア　**4** イ

❸ 1 ア　**2** ウ　**3** ア　**4** ア　**5** ア　**6** ウ

❹ 1 any plans　**2** starving, straight
3 don't you　**4** stay with　**5** for, on
6 for boarding　**7** care　**8** See you

❺ 1 is going　**2** will be　**3** Are they going
4 won't have　**5** will, be　**6** If it's snowy

❻ 1 あなたのコンピューターを忘れてはいけません。
2 私はニューヨークで自由の女神像を見るつもりです。
3 私は今晩この本を読み終えようと思います[読み終えるでしょう]。
4 もしあなたに時間があるなら，あなたはセントラルパークへ行くことができます。

❼ 1 What are you going to do this summer(?)
2 I'm going to go on a trip this
3 His flight will arrive at
4 I will buy T-shirts as souvenirs(.)

❽ 1 I'm[I am] going to practice the drums tomorrow.
2 I'll[I will] read many[a lot of] books this spring.
3 If it's[it is] sunny tomorrow, he'll[he

will] play tennis.[He'll[He will] play tennis if it's[it is] sunny tomorrow.]

考え方

❶ 1 2 それぞれwindy「風の強い，風のある」，rainy「雨の，雨降りの」という形容詞とセットで覚える。このほかに，天候に関連する単語の sun / sunny, cloud / cloudy, snow / snowyの意味と品詞を整理しておくとよい。
3 6 12 それぞれ発音clothes[klóuz]，laugh[læf]，pizza[píːtsə]にも注意。
10 ハイフン(-)を忘れないように。

❸ 1 be going to 〜の文は主語によってbe動詞を使い分ける。主語がIなのでamとする。
2 be going toの後は動詞の原形。
3 willの後は動詞の原形。
4 前半は「もし放課後あなたが暇なら」という意味になる。if 〜では未来の内容でも現在形で表すのでareを選ぶ。
5 be going to 〜の疑問文に答えるときはbe動詞を使う。主語がsheなのでisを選ぶ。
6 Will 〜?の疑問文に答えるときはwillを使って答える。Noの答えなので，will notの短縮形won'tを選ぶ。

❹ 1 「あなたは何か予定はありますか」＝Do you have any plans?　planは複数形にする。
2 「非常に空腹な」＝starving，「(寄り道をしないで)まっすぐに，じかに」＝straight
3 「〜したらどうですか。」と提案するときはWhy don't you 〜?の形を使う。
4 「(人)の家に泊まる[滞在する]」＝stay with 〜
5 「〜を買いに行く，取りに行く」＝go for 〜，「家に帰る途中で」＝on the way home
6 「(船・飛行機・列車・バスなどに)乗り込む」＝board　「搭乗することのための門[搭乗口]」と考えGate 5 for boardingとする。
7 8 Take care. / See you soon.は，友達などの親しい人との別れの挨拶。メールの結びの言葉としても使う。

❺ 1 tomorrow「明日」は未来を表す。解答欄の後がto comeなのでbe going toを使う。

2 in the future「将来」は未来を表す。will を使い，動詞は原形beにする。

3 be going to ～の疑問文は〈be動詞＋主語＋going to＋動詞の原形 ...?〉。

4 we'llはwe willの短縮形。willの否定文は〈主語＋will not＋動詞の原形 ～.〉。will notの短縮形won'tを使う。

5 「東京の今晩の天気はどうなるでしょうか。」という推測の意味のwillを使った疑問文にする。疑問詞howの後はwillの疑問文〈will＋主語＋動詞の原形〉の語順。

6 「もし～なら」は接続詞ifを使う。天候を表すときの主語itを使って，if it's snowyを文の前半に置く。

❻ 1 Don't forget ～.「～を忘れてはいけません。」

2 I'm going to ～.「私は～するつもりです。」the Statue of Liberty「自由の女神像」

3 I'll ～.「私は～しようと思います[するでしょう]。」 finish ～ing「～することを終える」

4 if you have timeは「もしあなたに時間があるなら」という条件の意味を表す。

❼ 1 疑問詞whatで始めて，be going to ～の疑問文の語順are you going to doを続ける。「この夏」＝ this summer

2 be going to ～の文。「旅行に出かける」＝ go on a trip

3 willを使った文。「彼の乗る飛行機」はhis flightで表す。「到着する」＝ arrive，「～時…分に」＝〈at＋時刻〉

4 willを使った文。「私は～を買おうと思います。」をI will buy ～.で表す。「～として」は前置詞asを使う。

❽ 1 主語がIなのでbe動詞はamを使う。「ドラムを練習する」＝ practice the drums

2 willの後にread many[a lot of] booksを続ける。「この春に」＝ this spring

3 「もし明日晴れなら」＝ if it's[it is] sunny tomorrow

pp.18-19 **Step ❸**

❶ 1 on the way　**2** take me to

❷ 1 Where are you going to study tomorrow(?)

2 My mother says it will be a cool summer(.)

3 If it's rainy, we will not have a picnic(.)

❸ 1 ①ウ ④イ **2** ②イ ③ア

❹ 1 Are you ready for your trip(?)

2 packing　**3** say hi

4 (ティナたちは)空港でコウタを出迎えようと思っているから。

❺ 1 (例)I'm[I am] going to visit my grandma in Akita.

2 (例)I'll[I will] watch videos at home.

考え方

❶ 1 「家に帰る途中で」＝ on the way home

2 「～を…に連れていく」＝ take ～ to ...

❷ 1 疑問詞where「どこで」で始め，be going toの疑問文の語順are you going to ～を続ける。

2 「私の母は～と言っています。」はMy mother says ～.とする。「～」には〈(that＋)主語＋動詞 ...〉の形が入る。

3 コンマが与えられているので，前半を「もし雨降りなら」＝ if it's rainyで表す。後半は「～しないでしょう」をwillの否定文で表す。「ピクニックをする」＝ have a picnic

❸ 1 ①That sounds fun.「楽しそうですね。」④Are you kidding?「冗談でしょう。まさか。」

2 ②I'd like to ～.「～したいです。」はI want to ～.よりも丁寧な表現。③Why don't you ～?「～したらどうですか。」

❹ 1 be ready for ～「～の用意ができている」「あなたは旅行の用意ができていますか。」

2 finish「～を終える」は目的語に動名詞を取る動詞。finish packing「荷造り(すること)を終える」

3 「～によろしくと言う」＝ say hi to ～

4 「あなたの乗る飛行機はいつ到着しますか」とたずねた理由は，直後の文の内容。

❺ 1 「あなたはこの夏，何をするつもりですか。」

という問い。〈I'm[I am] going to + 動詞の原形 〜.〉の文で，夏の予定を答える。

2 「もし今週末，雨降りなら，あなたは何をしようと思いますか。」という問い。〈I'll[I will] + 動詞の原形 〜.〉の文で答える。

Let's Read 1 〜 Daily Life 3

p.21　**Step 2**

❶ 1 娘　2 大きい，広い　3 （事が）始まる
4 喉が渇いた　5 country　6 bread
7 hair　8 meter

❷ 1 イ　2 ア

❸ 1 Once upon　2 grew up　3 took part
4 ran away　5 share, with
6 rode[got] on

❹ 1 私たちは明日ピクニックをする予定です。
2 私は空港に着いたとき，東京は寒いと感じました。
3 （私が）あなたの部屋を掃除しましょうか。

考え方

❶ 1 発音にも注意。ghは発音しない。
2 largeの対になる語はsmall「小さい，せまい」。
5 countryの複数形はcountriesとなる。

❷ 1 tomatoの発音[təméitou]と複数形の語尾tomatoesに注意。

❸ 1 onceは「かつて，昔」という意味の語。
2 「成長する」= grow up　growの過去形はgrew。
3 「〜に参加する」= take part in 〜　takeの過去形はtook。
4 「逃げる，走り去る」= run away　runの過去形はran。
5 「〜を…と分かち合う」= share 〜 with ...
6 ride[get] on 〜「〜に乗る」

❹ 1 are havingは〈be動詞 + 動詞の-ing形〉の現在進行形だが，tomorrow「明日」から，近い未来の予定を表しているとわかる。
2 前半の接続詞When 〜 airportは「〜とき」という意味。felt (that) 〜は「〜と感じた」という過去の内容を表す。feltに合わせて〜の部分のbe動詞がwasとなっている。

3 Shall I 〜?は「（私が）〜しましょうか。」と申し出るときの表現。

pp.22-23　**Step 3**

❶ 1 took care of　2 could not sleep

❷ 1 I made a musical instrument out of old wood(.)
2 don't take my comic books away from me

❸ ①ウ　②ア　③エ　④イ

❹ 1 白馬が跳びはねて，支配者が馬から落ちたこと
2 If you can't catch him, shoot him(!)
3 ③men　④running　⑤found
4 ⓐ×　ⓑ○　ⓒ×

❺ 1 （例）My hobby is taking photos of animals.
2 （例）I'm[I am] good at dancing.

考え方

❶ 1 「〜の世話をする」= take care of 〜
takeの過去形はtook。
2 「〜することができませんでした」はcan「〜できる」の過去形could「〜することができた」を使う。否定文はcouldの後にnotを置き，後にくる動詞は原形にする。「眠る」= sleep

❷ 1 「…から〜を作る」= make 〜 out of ...
2 「どうか〜しないでください。」はPleaseの後に禁止の命令文〈don't + 動詞の原形 ...〉を続ける。「〜を…から取り上げる，奪う」= take 〜 away from ...

❸ 飲食店などで注文をするときの表現。
①「注文をうかがいましょうか。」
②Can I 〜?「〜してもいいですか。」
③Would you like 〜?「〜はいかがですか。」
④Will you 〜?「〜してくれませんか。」

❹ 1 「そのときそれが起こりました。」 直後の1文の内容を日本語にする。fellはfallの過去形。fall off 〜「〜から落ちる」
2 「もし彼（白馬）を捕まえられないなら，彼を射なさい。」 後半は命令文となる。
3 ③man「（男の）部下」の複数形menにする。

④keptはkeepの過去形。keep on 〜ing
　で「〜し続ける」。動名詞runningとする。

⑤過去形foundにする。

4 ⓐ 本文第3段落目参照。

　　ⓑ 本文第4段落目参照。

　　ⓒ 本文最終段落参照。

❺ **1** My hobby is 〜ing.「私の趣味は〜するこ
とです。」という文を作る。

2 I'm[I am] good at 〜.「私は〜が上手です。」
という文を作る。「〜」の部分を「〜すること」
を表す動名詞にしてもよい。

Unit 4 〜 Active Grammar 4

pp.26-29　**Step 2**

❶ **1** 島　**2** 都市，都会

3 運動，（主に身体を）動かすこと

4 カフェ，喫茶店　**5** いつでも，いつも

6 過去，昔　**7** 〜を(有料で)借りる

8 〜を送る　**9** tour　**10** concert　**11** ship

12 history　**13** bookstore　**14** market

15 center　**16** nature

❷ **1** ×　**2** ○　**3** ○

❸ **1** イ　**2** ア　**3** イ　**4** ア　**5** ウ　**6** ウ

❹ **1** made, plan　**2** come[be] back

3 meters tall　**4** in weight　**5** in, past

6 Take, off　**7** holding, right hand

❺ **1** a guitar　**2** are, under　**3** pencils on

4 is a bag　**5** aren't, on

❻ **1** Is there　**2** there aren't　**3** have, to

4 you, to　**5** It takes

❼ **1** There are, tomatoes　**2** Are there any

3 books to read　**4** write you

5 lunch for me　**6** How many, are

❽ **1** この近くによいレストランは(一軒も)あり
ません。

2 まず最初に，私にあなたの名前を言ってく
ださい。

3 私はたくさんのお土産，たとえばマグカップ，
旗，帽子を買いました。

❾ **1** Would you like something to

2 How can I get to the museum(?)

3 Could you tell me the way to the
station(?)

4 Let's check out the place to relax(.)

❿ **1** There is a new hospital near my house.

2 I have many[a lot of] things to do today.

3 My father gave me three books.

4 There are some temples to see in Kyoto.

考え方

❶ **1** islandのsは発音しない。

4 cafeのアクセントは後ろのeにある。

7 「〜を(無料で)借りる」＝borrow　「〜を(有
料で)借りる」はrent。

10 「コンサート」以外に「音楽会，演奏会」とい
う意味でも使う。つづりはconcertの2つ
のcに注意。

15 in the center of 〜「〜の中心に[で]」のよ
うな使い方もある。

❸ **1** a lot of people「たくさんの人々」は複数を
表す語句なのでThere are 〜.とする。

2 Are there 〜?にはthereとareを使って
答える。

3 否定文なのでsomeではなくanyを使う。

4 5 〈動詞＋人＋もの〉の形。人を表す目的語
が代名詞のときは目的格(me, him)となる。

6 不定詞to eatが「食べるための」という意味
で形容詞のような働きをし，前の代名詞
somethingに説明を加える。

❹ **1** 「計画を立てる」＝make a plan　makeの
過去形はmade。

2 「戻る，帰る」＝come[be] back

3 〜 meter(s) tallで「高さが〜メートルある」
を表す。「メートル」＝meterは発音にも注
意。複数形metersにする。

4 「重さ，重量」＝weight　ghは発音しない。
in weightは「重さについては」を表す。「重さ
については100トンある」→「重さが100トン
ある」

5 「過去に，これまで」＝in the past

6 「(乗り物)に乗っていく，(乗り物・道など)
を利用する」＝take，「(列車・バス・馬な

7 「〜をしっかり持って［つかんで］いる」＝hold，「右の，右側の」＝right right には「正しい，間違いのない」という意味もある。

⑤ 1 by the bed「ベッドのそばに」

2 「〜の下に」＝under 〜

3 「机の上に何本かの鉛筆があります。」

4 「いすの上にかばんがあります。」

5 any pictures が後に続くので，are を使った否定文にする。are not の短縮形 aren't を使う。「壁に」は前置詞 on を使う。「壁には絵［写真］が1枚もありません。」

⑥ 1 Yes, there is.という答えから Is there 〜?の疑問文にする。

2 Are there 〜?に対する No の答え。短縮形を使って No, there aren't.とする。

3 「私は今日するべき宿題がたくさんあります。」 不定詞 to do が前の名詞 homework に説明を加える形にする。

4 「あなたに何か食べるものを作ります。」makeは目的語を2つ取る動詞。〈make＋人（you）＋もの（something）〉の語順にする。somethingの後に「食べるための」という意味の不定詞 to eat を置く。

5 A「そこへ着くのにどのくらいかかりますか。」How long 〜?は「どのくらい（の時間）〜。」とたずねる疑問文。答えの文でも主語 it と動詞 take「（時間など）がかかる」を使う。主語が3人称単数で現在の文なので動詞は takes。

⑦ 1 後ろの名詞が複数になるので，be動詞は are を使う。tomato の複数形は tomatoes。

2 There are 〜.の疑問文は Are there 〜?となる。疑問文は some ではなく any を使う。

3 「読むための」は形容詞の働きをする不定詞 to read を使う。名詞 books の後に置く。

4 「彼はあなたに手紙を書くでしょう。」 write は目的語を2つ取る動詞。〈write＋人（you）＋もの（a letter）〉の語順にする。

5 「私の姉［妹］は私に昼食を作ってくれました。」makeは目的語を2つ取る動詞。〈make＋人（me）＋もの（lunch）〉→〈make＋もの＋

for＋人〉にする。前置詞は for を使う。

6 〈How many＋複数を表す名詞 〜?〉の疑問文にする。後に There are 〜.の疑問文の語順 are there を続ける。

⑧ 1 not any があるので「一つも〜がない」という意味の文。near here「この近くに」

2 first of all「まず第一に，まず最初に」 〈tell＋人（me）＋もの（your name）〉は「人（私）にもの（あなたの名前）を言う」という意味。

3 〜, such as ...「〜たとえば…」は as の後に例を挙げて説明するときに使う。as の後に3つ以上の複数のものを並べるときはA, B, ..., and C のように表す。

⑨ 1 「〜はいかがですか。」＝Would you like 〜? 「何か飲むもの」＝「飲むための何か」と考えて，something to drink の語順にする。

2 「どのように〜。」＝How 〜?の疑問文。後に疑問文の語順 can I 〜を続ける。「博物館に行く」は，与えられた語句から get to 〜「〜に着く」を使って，get to the museum とする。

3 「〜していただけませんか。」＝Could you 〜? 「人（私）にもの（駅への道）を話す」は tell me the way to the station の語順にする。

4 「〜を調べる，検討する」＝check out 〜 「くつろぐための場所」は the place の後に不定詞を置いて the place to relax。

⑩ 1 「新しい病院があります」は There is a new hospital とし，「私の家の近くに」＝near my house を文末に置く。

2 「私には〜があります。」＝I have 〜. 「たくさんのする（べき）こと」は many[a lot of] things の後に不定詞 to do を置く。

3 「人にものをくれる［与える］」は〈give＋人（me）＋もの（three books）〉の語順にする。

4 「京都には寺がいくつかあります」は There are some temples in Kyoto とし，「見るべき寺」は temples の後に不定詞 to see を置く。

pp.30-31 **Step 3**

❶ 1 come[be] back anytime

9

2 kinds, For example

❷ 1 send you an e-mail when I get to the station

2 There are many places to enjoy nature

❸ 1 ①ウ ④ア 2 ②ア ③イ

❹ 1 also 2 Yes, there is.

3 ⓐ**自由の女神像／ミュージカル**

ⓑ**セントラルパーク**

4 ⓐ× ⓑ○

❺ 1 **(例)**There are 35 students in my[our] class.

2 **(例)**I want to give her a book.[I want to give a book to her.]

考え方

❶ 1「帰る，戻る」= come[be] back，「いつでも」= anytime

2「多くの種類の～」= many kinds of ～ kindsと複数形にすることに注意。「たとえば」= for example 文頭なのでForと大文字にすること。

❷ 1 与えられた語句から「(人)に(もの)を送る」を〈send + 人(you) + もの(an e-mail)〉とする。「駅に着いたとき」は接続詞whenを使って，when I get to the stationとする。

2「～場所がたくさんあります。」はThere are many places ～.とする。名詞placesの後に「自然を楽しむための」を表す不定詞to enjoy natureを置く。

❸ 1 ①Excuse me.「すみません。」は見知らぬ人に話しかけるときなどの表現。

④You're welcome.「どういたしまして。」はThank you.などのお礼への応答。

2 ②「～していただけませんか。」と依頼するときはCould you ～?を使う。Can you ～?よりも丁寧な表現。

③時間がどのくらいかかるかをたずねているのでHow long ～?にする。

❹ 1「～もまた，さらに」= also 同じような意味で文末に使うtooと区別する。

2「それ(フェリー)はバッテリー・パークから出ます。」と続けているので，Is there ～?にyesで答える。

3 コウタは最初の発言でⓐ見たいものはthe Stature of Libertyとa musical，ⓑ行きたい場所はCentral Parkと述べている。

4 ⓐ「自由の女神像はバッテリー・パークにあります。」 ティナの3，4番目の発言参照。

ⓑ「ティナとコウタはリバティ島へフェリーで行くことができます。」 本文最後の2人のやりとりを参照。

❺ 1「あなたのクラスには何人の生徒がいますか。」という問い。There are ～ students in my[our] class.の形で人数を答える。

2「あなたはあなたの最良の友達の誕生日のために，彼[彼女]に何をあげたいですか。」という問い。I want to give him[her] ～.の形であげたいものを答える。I want to give ～ to him[her].としてもよい。

Unit 5 ～ Active Grammar 5

pp.34-37 **Step 2**

❶ 1 **地震** 2 **～になる，～の状態になる**

3 **(方向を示して)下へ[に]** 4 **～を説明する**

5 **浴室，トイレ** 6 **(肯定文で)誰か，ある人**

7 **(体の部分が)痛む，痛い** 8 **理由，わけ**

9 action 10 learn 11 shake 12 sick

13 finger 14 neck 15 knife 16 useful

17 meeting 18 member 19 used

20 join

❷ 1 ウ 2 イ

❸ 1 イ 2 イ 3 ア 4 ウ 5 ウ 6 ア

❹ 1 take 2 see 3 have 4 Get

❺ 1 got down 2 leave, quickly

3 in, group 4 close, door

5 iron, clothes 6 way to 7 fun

8 Stay away 9 went into 10 Hold on

11 Here's, see

❻ 1 can 2 will 3 must 4 Shall

5 Could 6 Would 7 should

❼ 1 has to read 2 Do, have to

3 don't have to　**4** must not　**5** no

❽ **1** 私たちは先生の指示[指図]を聞かなければ
なりません[聞く必要があります]。

2 あなたは郵便局へ行く必要がありません。

3 私たちは静かに[おとなしく]していなければ
なりません。

4 あなたは食べすぎてはいけません。

5 私は，あなたは自転車に乗らない方がいい
[乗るべきではない]と思います。

❾ **1** I usually have nothing to do on

2 I have to spend the day on studying(.)

3 Shall we have lunch at that restaurant(?)

❿ **1** He has to take care of his dog.

2 I don't[do not] have to take the train.

3 You must not speak Japanese.

4 You should read this book.

考え方

❶ **1** アクセントは最初の母音(ぼいん)にある。

5 bathroomが「トイレ」も含んだ意味である
場合もある。

7 heart「心，感情」との発音の違(ちが)いに注意する。

9 earthquake safety actionsは「地震時避
難(ひなん)[安全]行動」という意味。

11 動名詞shakingが「揺(ゆ)れ，振動」という名詞
の働きをする。

12 I feel sick.で「私は気分が悪いです。」。

15 knifeのkは発音しない。

16 usefulの下線部の発音は[s]。動詞use[z]
と異なる。

18 「〜の一員」= a member of 〜

19 「古本」= used book

❸ **1** 〈have to +動詞の原形〉の形にする。

2 〈has to +動詞の原形〉の形にする。

3 mustの後は動詞の原形。

4 mustの否定文。〈主語 + must not +動詞
の原形 〜.〉の形にする。

5 shouldの否定文。〈主語 + should not +
動詞の原形 〜.〉の形にする。

6 Do you have to 〜?にはYes, I do. / No,
I don't.と応じる。

❹ **1** 「(薬)を飲む[服用する]」というときはtake
を使う。drinkは使わないので注意。

2 see a doctor「医者にみてもらう」

3 「(病気に)かかっている」というときはhave
を使う。have a cold「風邪(かぜ)をひいている」

4 「机の下に入ってください。それで身の安
全を確保することができます。」

❺ **1** 「かがむ，伏せる」= get down

2 「〜を去る，出発する」= leave，「即座に」
= quickly

3 「集団(の中)で」= in a group

4 「(窓，ドア，目など)を閉じる，閉める」= close
closeの発音[klóuz]にも注意。

5 「(衣服など)にアイロンをかける」= iron
clothes「衣服」の発音は **4** のcloseと同じ。

6 wayには「道」のほかに「やり方，方法」とい
う意味がある。「勉強するためのよい方法」
は形容詞の働きをする不定詞を使ってa
good way to studyとする。

7 「楽しむ，楽しい時間を過ごす」= have fun

8 「〜から離(はな)れている，〜に寄りつかない」=
stay away from 〜

9 「〜に入る」= go into 〜

10 「しがみつく，つかまる」= hold on

11 「ここに〜があります。」= Here's 〜. 「え
えっと。」と間を取るときはLet's see.と言う。

❻ **1** 「〜(することが)できる」= can

2 未来を表すwillを使う。

3 「〜しなければならない」= must

4 「(私が)〜しましょうか。」と申し出るとき
はShall I 〜?の形を使う。

5 「〜していただけませんか。」と丁寧に依頼す
るときはCould you 〜?の形を使う。

6 「〜はいかがですか。」はWould you like 〜?。

7 「〜した方がよい」と助言するshouldを使う。

❼ **1** 〈has to +動詞の原形〉にするのでreadsを
readとすることに注意。

2 〈have to +動詞の原形〉の疑問文は〈Do +
主語 + have to +動詞の原形 〜?〉の形。

3 〈have to +動詞の原形〉の否定文は〈主語
+ don't have to +動詞の原形 〜.〉。

4 〈Don't＋動詞の原形 ～.〉の禁止の命令文は〈You must not＋動詞の原形 ～.〉に書き替えられる。

5 not any「少しも～ない」はnoを使ってほぼ同じ意味に書き替えられる。「ここには少しも食べ物がありません。」

❽ 1 have to ～「～しなければならない，～する必要がある」

2 have to ～の否定形don't have to ～は「～する必要がない」という意味になる。

3 must ～「～しなければならない」 mustの後はbe動詞の原形beとなっている。

4 must not ～は「～してはいけない」という禁止の意味。このtooは「あまりにも，～すぎる」という意味。

5 I don't think (that) ～.の接続詞that が省略された文で「～ではないと思います。」という日本語にするのが自然。「～とは思いません」と訳すこともある。shouldは「～した方がよい，～すべきである」。

❾ 1 「私は～があります。」はI have ～.で表す。usually「普通は」は一般動詞haveの前に置く。「何もすることがない」→「するべきことが何もない」と考えて，nothingの後に不定詞to doを置く。

2 「～(時間)を…に費やす」＝ spend ～ on … …が動名詞studyingになる。

3 「～しませんか。」＝ Shall we ～?

❿ 1 〈has to＋動詞の原形〉の形にする。「～の世話をする」＝ take care of ～

2 「～する必要がない」なのでhave toの否定文〈主語＋don't have to＋動詞の原形 ….〉の形にする。「その列車を利用する」＝ take the train

3 「～してはいけません」なので〈must not＋動詞の原形〉の形を使う。

4 「～した方がいいです」は〈should＋動詞の原形〉にする。

pp.38-39 Step ❸

❶ 1 must stay away   **2** will be

3 shouldn't forget

❷ 1 My mother doesn't have to wash the dishes(.)

2 You must not go to bed

❸ 1 ①イ　③ア　**2** ②エ　④ア

❹ 1 ①イ　②ウ

2 Do we have to take our bags(?)

3 イ　**4** 揺れが止まったとき

❺ 1 (例)I should pack a flashlight.

2 (例)I think (that) I have to clean the bathroom.

考え方

❶ 1 「～しなければならない」を〈must＋動詞の原形〉で表す。「～から離れている」＝ stay away from ～

2 There is ～.の未来の文。isを〈will＋動詞の原形〉にするので，be動詞の原形beを使ってThere will be ～.とする。

3 「～しない方がいいですよ。」はshouldの否定文で表す。解答欄の数からshould notの短縮形shouldn'tを使って，「忘れない方がいい」をshouldn't forgetとする。

❷ 1 主語my motherは3人称単数なので，「～する必要がありません」はhas toの否定文〈主語＋doesn't have to＋動詞の原形 ….〉にする。「皿洗いをする」＝ wash the dishes

2 「あなたは～してはいけません。」という禁止を表す文なので〈You must not＋動詞の原形 ….〉にする。「就寝する」＝ go to bed

❸ 1 ①「どうかしたのですか。あなたはとても疲れて見えます。」
③「私はどうするべきでしょうか。」

2 ②That's too bad.「気の毒です。」
④Take it easy.「無理をしないで。」

❹ 1 ①「床の上に伏せる」はonを使う。
②「机の下に入る」はunderを使う。

2 直後のコウタの答えから，have toの疑問文とわかる。「私たちはバッグを持っていかなければなりませんか[持っていく必要が

ありますか]。」

3「私は確かめなければなりません[確かめる
必要があります]。」と言っているのは，直
前のハジンの質問「もし机が全くなかった
ら（どうするのですか）」に対する答え。

4 コウタの最初の発言参照。

❺ 1 I should pack 〜.「私は〜を入れる[荷造
りする]べきです。」という文にする。

2 I think (that) I have to 〜.「私は，私は
〜する必要があると思います。」という文で
答える。that は省略可。

Unit 6 〜 You Can Do It! 2

pp.42-45　**Step 2**

❶ 1 言語　**2** 外国に[へ・で]，海外に[へ・で]
3（人を）驚かせるような，意外な
4 ただ〜だけ　**5** 〜を気にする
6 意見，考え　**7** 再び，もう一度，また
8 生きている　**9** 〜を受ける，受け取る
10 注意深い，慎重な　**11** child　**12** story
13 week　**14** word(s)　**15** question
16 answer　**17** face　**18** east　**19** teach
20 stand

❷ 1 イ　**2** ウ　**3** イ　**4** ウ

❸ 1 ア　**2** ウ　**3** ア　**4** イ　**5** ウ

❹ 1 at　**2** of　**3** with　**4** on

❺ 1 make friends　**2** talk about　**3** pay, to
4 times, day　**5** passed, exam
6 hundreds of　**7** At first　**8** came to
9 other hand　**10** runs　**11** but also

❻ 1 because　**2** that　**3** when　**4** if

❼ 1 ウ　**2** イ　**3** エ　**4** ア

❽ 1 to buy　**2** to get　**3** he is　**4** when I
5 to play

❾ 1 彼はよい医者になるために毎日勉強します。
2 私はその本を読んでわくわくしました。
3 彼女は忙しいのでここに来ることができません。
4 あなたが試合に負けたとき，あなたは落ち
込むかもしれません。

❿ 1 I helped the teacher with a lot of things(.)
2 They were able to communicate well(.)

3 I learned that working isn't easy(.)

4 I stayed home because of the rain(.)

⓫ 1 I went to the library to borrow some
books.

2 I'm[I am] glad[happy] to hear your
words.

3 Because she got up early, she walked
to the park.

考え方

❶ 3 surprise は名詞で「驚き」，surprised は
形容詞で「驚いた」という意味。

8 living thing「生物」も覚えておく。

10 Be careful. で「気を付けなさい。」という意
味になる。

11 複数形は不規則に変化して children となる。

14「発言，言葉」という意味では，普通複数形
words で使われる。

19 teacher「教師，先生」　teach に -er が付い
て「教える人」。

❷ 2 understand「理解する，（意味などが）わかる」

3 communicate は動詞で「気持ちを伝え合う，
理解し合う，意思疎通をする」という意味の
語。名詞の communicátion「意思疎通」と
のアクセントの違いに注意。

❸ 1 decide は目的語に不定詞を取る動詞。decide
to 〜「〜することに決める」

2 have[has] to の過去形は had to となり，
後に動詞の原形が続く。

3 learned a lot で「よく[大いに]学んだ」。

4 keep 〜ing「〜し続ける」

5 succeed in 〜ing「〜することに成功する」

❹ 1 at one's best「最高の状態で」

2 way of 〜「〜するやり方，〜の方法，〜のし
方」　way of thinking で「考え方」。

3 keep up with 〜「〜に追いつく，遅れずに
ついていく」

4 be on one's side「〜の味方である」

❺ 1「友達になる[を作る]」= make friends

2「〜について話す」= talk about 〜

3「〜に注意を払う」= pay attention to 〜

4「1日に〜回[度]」＝〜 times a day　time には「〜回，度」という意味がある。

5「試験に受かる」＝ pass the exam

6「何百という〜，多数の〜」＝ hundreds of 〜

7「最初は，はじめは」＝ at first

8「〜するようになる」＝ come to 〜

9「他方では，これに対して」＝ on the other hand

10 この run は「走る」ではなく，「〜を経営する」。

11「〜ばかりでなく…も，〜どころか…」＝ not only 〜 but also ...

❻ 1「私は将来海外で働きたいので，英語を勉強しています。」

2「私は私たちが勝つことができると信じています。」

3「私が帰ったとき，私の兄[弟]はテレビを見ていました。」

4「もしあなたが忙しくないならば，私を手伝ってくれませんか。」

❼ 1「音楽を勉強するために」は目的を表す副詞的用法。ウ to run 〜「〜走るために」

2「歌うことが好き」は名詞的用法。イ want to talk with you「あなたと話したい（＝話すことを望む）」

3「今日するべきこと」は形容詞的用法。エ something to drink「何か飲む（ための）もの」

4「あなたに会えてうれしく思う」は感情の原因を表す副詞的用法。ア sad to watch the movie「その映画を見て悲しい」

❽ 1「私は新しいかばんを買うためにその店に行きました。」という文にする。目的を表す不定詞を使って表す。

2「彼女はトムから手紙をもらったので幸せでした。」→「彼女はトムから手紙をもらって幸せでした。」感情の原因を表す不定詞を使って表す。

3「私は彼は親切だと思います。あなたはそう思いますか。」→「あなたは彼が親切だと思いますか。」Do you think 〜? という疑問文の後でも〈(that＋)主語＋動詞 ...〉の語

順は変わらない。

4「私が午前中に家を出たとき，晴れでした。」「〜するとき」の意味の接続詞 when を使う。

5 continue は目的語に不定詞と動名詞のどちらも取ることができる。「私はサッカーをすることを続けます。」

❾ 1 to become が目的を表す。

2 to read が感情の原因を表す。

3〈because＋主語＋動詞 〜〉の部分が「…なので」と理由を表す部分になる。

4〈when＋主語＋動詞 〜〉の部分が「…とき」を表す部分になる。助動詞 may はここでは「〜かもしれない」という意味を表す。

❿ 1「〜が…するのを手伝う」＝ help 〜 with ...

2「〜することができる」＝〈be able to＋動詞の原形〉 be動詞を過去形にする。

3「〜ということを学ぶ」＝〈learn＋(that＋)主語＋動詞 ...〉 learned の後に続く部分の主語を動名詞 working にする。

4「〜のために[理由で]」＝ because of 〜

⓫ 1「何冊かの本を借りるために」を目的を表す不定詞 to borrow some books で表す。

2「あなたの言葉を聞いて」を原因を表す不定詞 to hear your words で表す。

3 Because の後に「彼女は早く起きた」＝ she got up early を続ける。コンマで区切ることを忘れないようにすること。

---

pp.46-47　**Step ❸**

❶ 1 him with, homework　**2** was able to

❷ 1 I went to the station to see my friend(.)

2 I was surprised to hear that(.)

3 to be an artist because I like drawing pictures

❸ 1 ①イ　④ア　**2** ②ウ　③ア

❹ 1 ①ア　③ウ

2 the Great East Japan Earthquake

3 アイススケート場を使うこと／スケートについて考えること

4 ⓐ〇　ⓑ×

❺ (例) I like summer because I can swim in

the sea.

考え方

❶ 1 「〜が…するのを手伝う」＝ help 〜 with …

2 「〜することができた」は〈was[were] able to＋動詞の原形〉を使う。主語がIなのでbe動詞はwasにする。

❷ 1 「私は駅へ行きました」＝ I went to the station 「友人に会うために」は，目的を表す不定詞to see my friendで表す。

2 「私は驚きました」＝ I was surprised 「それを聞いて」は，原因を表す不定詞to hear thatで表す。

3 「私は芸術家になりたい」＝ I want to be an artist 「絵を描くことが好きなので」は理由を表す接続詞becauseの後にI like drawing picturesを続ける。

❸ 1 ①「彼はあなたを手伝うためにここにいます。」目的を表す不定詞。

④「凧はネパール語でチャンガです。」「（言語名）で」はinを使う。

2 ②「あなたはどこの出身ですか。」

③「わかりました［なるほど］。」

❹ 1 ①「私が仙台でそれを経験したとき，16歳でした。」

③「災害が一気にすべてを奪ってしまったので，私は恐ろしいとも感じました。」

2 直前の文を参照。

3 本文最後の文の，2つのcouldn't 〜の部分を日本語にする。

4 ⓐ「結弦は津波を受けた地域の写真を見てとても悲しく感じました。」 本文2〜3文目参照。

ⓑ「結弦は地震の後で安全だと感じました。」

❺ I like 〜 because ….「…なので，私は〜が好きです。」という文にする。because …の部分を前半に置いてもよい。（解答例）「私は海で泳ぐことができるので，夏が好きです。」

Unit 7 〜 Active Grammar 8

pp.50-53　Step 2

❶ 1 大陸　2 自然の，天然の

3 場所，遺跡　4 値段が高い，高価な

5 100万(の)　6 国家の，自国の，国内の

7 その土地の，地元の　8 事実　9 人口

10 (地球の)半球　11 lake　12 river　13 rock

14 doll　15 vegetable　16 fruit　17 culture

18 earth　19 rugby　20 football

❷ 1 ○　2 ×　3 ○

❸ 1 nicer, nicest　2 happier, happiest

3 hotter, hottest

4 more difficult, most difficult

5 more easily, most easily

❹ 1 than　2 of　3 in

❺ 1 famous for　2 In fact

3 Some, Others　4 one fifth

5 more than　6 must be

❻ 1 the biggest[largest]　2 smaller than

3 as fast as　4 doesn't, as fast

5 most exciting, playing

❼ 1 more popular than

2 most wonderful, of　3 old as

4 as long　5 Which, more exciting, or

6 most important, practice

❽ 1 これは英語を勉強するための最もよい方法です。

2 私たちはさらに多くの本を必要とします。

3 彼は日本で最も有名な作家の1人です。

4 オーストラリアのフットボールはサッカーとラグビーを組み合わせたものです。

❾ 1 Speaking English is easier than writing

2 This cake is the most delicious of the three(.)

3 It's the second-highest mountain in Japan(.)

4 My dictionary is as useful as yours(.)

5 This movie wasn't as interesting as that one(.)

6 Which is more expensive, this T-shirt or

⑩ 1 My father is more careful than my mother.

2 This is the longest river in the world.

3 Baseball is the most popular sport in this country.

4 I'm[I am] as tall as you.

5 This doll isn't[is not] as cute as mine.

考え方

❶ 1 「オーストラリア大陸」はthe Australian continentと表す。

5 two hundred「200」，two million「200万」のように，hundredやmillionにsを付けない。

10 「南半球」= the southern hemisphere

❸ 1 eで終わる語は-r，-stを付ける。

2 yをiにかえて-er，-estを付ける。

3 語尾のtを重ねて-er，-estを付ける。

4 比較的つづりの長い語は前にmore，mostを置く。

5 easyはeasier, easiestと変化するが，easilyはmore，mostを前に置く。

❹ 1 〈比較級+than〉の形にする。

2 後に続くthe three「3つのもの」は複数を表す語句なのでofにする。

3 my class「私のクラス」は集団を表す語句なのでinにする。

❺ 1 「〜で有名な」= be famous for 〜　後ろの普通名詞には主語が3人称単数のときはitsを付けることが多い。

2 「実際は，実のところ」= in fact

3 「〜がいる一方で，〜もいる」= Some 〜. Others 〜. このothersは「別の人たち[もの]」という意味の代名詞で，複数形で使う。

4 分数は〈分子+分母〉の語順で，分子には数詞(one, twoなど)を，分母には序数(third, fifthなど)を使う。

5 「〜より多い」= more than 〜

6 助動詞mustは「〜しなければならない」という意味のほかに，「〜に違いない」という意味もある。後ろの動詞は原形beにする。

❻ 1 「いちばん〜」なので〈the+最上級〉の形にする。bigの最上級は語尾のgを重ねて-estを付ける。

2 「…よりも〜」なので〈比較級+than …〉の形にする。smallの比較級はsmaller。

3 「…と同じくらい〜」なので〈as+原級+as …〉の形にする。「速く」= fast

4 「…ほど〜ではない」なので〈not as+原級+as …〉の形にする。

5 主語の「いちばんわくわくすること(は)」を最上級を使ってthe most exciting thingとする。「遊ぶこと」は動名詞で表す。

❼ 1 「…よりも〜」という文は比較級を使う。popularの比較級more popularの後に「テニスよりも」= than tennisを続ける。

2 「…の中でいちばん〜」という文は最上級を使う。wonderfulの最上級はmost wonderful。「全ての中で」= of all

3 「トムは私の兄[弟]と同じ年です。彼らは14歳です。」という文にする。形容詞はoldを用いて〈as+原級+as …〉の形にする。

4 「私の髪は彼女の髪よりも長いです。」→「彼女の髪は私の髪ほど長くはありません。」〈not as+原級+as …〉の形にする。

5 「サッカーとラグビーでは，どちらがよりわくわくさせますか。」という疑問文にする。「AとBでは，どちらがより〜ですか。」= 〈Which is+比較級，A or B?〉

6 「ピアノを上手にひくために何が大切ですか。」という質問に「私は，いちばん大切なことは毎日練習することだと思います。」と答える文にする。「練習すること」を不定詞で表す。

❽ 1 best「最もよい」はgoodの最上級。bestの後のway「方法」に後ろの不定詞to study Englishが説明を加えて，「英語を勉強するための最もよい方法」となる。

2 moreはmany「多くの」の比較級。more booksで「より多くの本」という意味になる。

3 〈one of the + 最上級 + 複数を表す名詞〉「最も～な…の1つ［1人］」。

4 a mix of ～「～の組み合わせ」

❾ 1 「英語を話すこと」= speaking English と「それを書くこと」= writing it の2つのことを比べる「…よりも～」という文。〈比較級 + than ...〉で表す。easier は easy の比較級。

2 「…の中でいちばん～」は〈the + 最上級 + in[of] ...〉で表す。delicious「とてもおいしい」の最上級は most delicious。「3つの中で」= of the three

3 「…の中で2番目に～な―（名詞）」は〈the + second-最上級 + 名詞 + in[of] ...〉を使って表す。highest は high「高い」の最上級。

4 「…と同じくらい～」は〈as + 原級 + as ...〉で表す。「役に立つ」= useful 「あなたの辞書」は yours「あなたのもの」を使う。

5 「…ほど～ではない」は〈not as + 原級 + as ...〉の語順にする。「あの映画」は that one を使う。

6 「AとBでは，どちらがより～ですか。」は〈Which ...+ 比較級, A or B?〉の語順にする。expensive「値段が高い」の比較級は more expensive。

❿ 1 〈比較級 + than ～〉の文。「慎重な」= careful の比較級は more careful。than の後に比べる相手 my mother を置く。

2 3 「いちばん～な…（名詞）」は〈the + 最上級 + 名詞〉の語順で表す。

3 「人気のある」= popular の最上級は most popular。

4 〈as + 原級 + as ...〉の文。「あなたと同じくらいの身長である」は，tall を原級のまま使って as tall as you とする。2人が背が高いとは限らない。

5 〈not as + 原級 + as ...〉の文。cute「かわいい」を原級のまま使う。「私の人形」は mine「私のもの」を使って表す。

pp.54-55 Step 3

❶ 1 is famous for 　2 More than two[2]
　3 Which, more, or

❷ 1 The tree is taller than my house(.)
　2 The most important thing is to do your best(.)
　3 I don't get up as early as my mother(.)

❸ 1 ①ア　③ア　2 ②エ　④イ

❹ 1 ウ

2 オーストラリアの人口は日本の人口の約5分の1である。

3 ⓐ×　ⓑ〇

❺ 1 (例)The Tone River is longer than the Ishikari River.

2 (例)The Shinano River is the longest of the three.

考え方

❶ 1 「～で有名な」= be famous for ～

2 「～より多い」= more than ～, 「200万の」= two million

3 「AとBでは，どちらがより～ですか。」=〈Which ...+ 比較級, A or B?〉 interesting「おもしろい」の比較級は more interesting

❷ 1 2つのものを比べて「…よりも～」という文。〈比較級 + than ...〉の語順にする。taller は tall「高い」の比較級。

2 「いちばん大切なこと」が主語の文。〈the + 最上級 + 名詞〉の語順で表す。important「大切な」の最上級は most important。「あなたの最善を尽くすこと」は不定詞を使って to do your best で表す。

3 「…ほど～ではない」は〈not as + 原級 + as ...〉の語順にする。I don't get up「私は起きません」に〈as + 副詞の原級 + as ...〉が続く。

❸ 1 ①比較級 more popular の後なので than。
　③「それはオーストラリアのフットボールに違いありません。」

2 ②「なかなかいいですよ。」
　④「そのとおり。」

❹ 1 「オーストラリアは世界でいちばん大きい島だと言う人もいれば，一方でいちばん小さい大陸だと言う人もいます。」

2 下線部③は「その（＝オーストラリアの）人口

は日本の（人口）よりも小さい[少ない]です」という意味。直後のIn fact「実際は」以下でその内容を具体的に述べている。one fifth「5分の1」

3 ⓐ「日本は世界でいちばん小さい島だと言う人もいます。」 本文中にこのような記述はない。

ⓑ「日本はオーストラリアほど広くありません。」 本文3文目のAustralia is larger than Japanを言い換えた文。

❺ 1 表から2つの川を選び，「～は…よりも長いです。」という文を作る。

2 The Ishikari River is the shortest of the three.「石狩川は3つの中でいちばん短いです。」としてもよい。

Unit 8 ～ Let's Read 3

pp.58-61 **Step ②**

❶ 1 実は，実際のところ

2 ひとりぼっちの，孤独な　3 南から吹く

4 違い，相違　5 よく，たびたび，しばしば

6 公演，上演　7 ～を発明する，考案する

8 時代　9 camera　10 star　11 sky

12 wave　13 dictionary　14 mean

15 clock　16 tear(s)

❷ 1 イ　2 イ

❸ 1 イ　2 ウ　3 ウ　4 ア　5 イ　6 ア

7 ウ

❹ 1 cooked　2 spoken　3 written

4 built　5 made　6 them　7 her

❺ 1 any case　2 don't we　3 blow, lines

4 to side　5 from, top　6 give, shot

7 each other　8 That's why

9 both, and　10 was born

❻ 1 is visited by　2 was built

3 Is, studied／it is　4 isn't spoken

5 When was, invented　6 makes me

7 What, call

❼ 1 このミュージカルはまず最初にニューヨークで上演されました。

2 この映画は日本のアニメをもとにしています。

3 彼は彼女に教師になって欲しいと思っていました。

4 誰も彼を信じませんでした。

5 一方では私は戸外で遊ぶことが好きです。他方では私の姉[妹]は家にいることが好きです。

❽ 1 The temple is cleaned by volunteers(.)

2 Speaking English makes me nervous(.)

3 His idea made the party interesting(.)

4 My father wants me to go to Kyoto(.)

5 Our coach told us to practice hard(.)

6 I asked her to go shopping together(.)

❾ 1 She's[She is] loved by everyone.

2 This novel was written ten years ago.

3 The match made me excited.

4 His friends call him Ken.

5 I want you to use this dictionary.

6 This plan was inspired by his book.

考え方

❶ 2 lonelyの下線部の発音[ou]にも注意。

5 sometimes「ときどき，ときには」よりも頻度が高いことを表す。

8 「江戸時代」＝ the Edo period　periodの発音[iə]にも注意。

9 cameraの発音[æ]にも注意。

13 複数形はdictionaries。

14 名詞meaning「意味」も覚えておく。

15 watchは「腕時計，懐中時計」などの持ち歩くもの，clockは「置時計，壁掛け時計」などの動かさないもの，という区別がある。

16 普通はtearsの形で使う。

❷ 2 convenience store「コンビニエンスストア」も覚えておくとよい。

❸ 1 受け身の形〈be動詞＋過去分詞〉にする。規則動詞playの過去分詞はplayed。

2 yesterday「きのう（は）」があるので過去の受け身の文。be動詞はwasを使う。

3 受け身の疑問文。be動詞を主語の前に置く。主語が複数形なのでbe動詞はare。

4 受け身の文の動作をする人を「～によって」と表すときはbyを使う。

5 受け身の否定文は〈主語＋be動詞＋not＋過去分詞 〜.〉の形になる。last week「先週」があるので過去の文。

6 「その写真はみんなを悲しくさせました。」「(人・もの)を〜にする」は〈make＋人・もの＋形容詞〉の形。形容詞sad「悲しい」を使う。

7 「トムはユミに英語を話して欲しいと思いました。」「(人)に〜して欲しい(と思う)」は〈want＋人＋to＋動詞の原形〉の形。

❹ 1 〜 **5** は全て受け身の文。be動詞の後を過去分詞の形にする。**1** は規則動詞。**2** 〜 **5** は不規則動詞。

2 speak「〜を話す」の過去分詞はspoken。

3 write「〜を書く」の過去分詞はwritten。

4 build「〜を建てる」の過去分詞は過去形と同じbuilt。

5 make「〜を作る」の過去分詞は過去形と同じmade。

6 受け身の文で，by 〜「〜に(よって)」と動作をする人・ものを表すとき，〜に代名詞がくるときは目的格になるので，themとする。

7 〈call＋人・もの＋名詞(よばれている名前)〉「(人・もの)を〜とよぶ」の「人・もの」が代名詞のときは目的格なので，herとなる。

❺ 1 「ともかく，いずれにせよ」＝in any case

2 「〜しませんか。」＝Why don't we 〜? Why don't you 〜?「〜したらどうですか。」との意味の違いに注意して覚えておく。

3 「せりふを忘れる」＝blow one's lines

4 「左右に」＝from side to side

5 「はじめから」＝from the top topは「頂上」という意味もあるが，the topで「最初，冒頭」という意味を表す。

6 「全力を尽くしましょう。」＝Let's give it our best shot.

7 「お互い」＝each other

8 「それが〜の理由です。」＝That's why 〜.

9 「〜と…のどちらも」＝both 〜 and ...

10 「生まれる」＝be born 「私は〜生まれました。」と言うときはI was born 〜.のようにbe動詞の過去形とともに使われる。

❻ 1 〈主語＋be動詞＋過去分詞＋by 〜.〉の形にする。主語がKyotoで現在の文なのでbe動詞はis。visit「〜を訪問する」は規則動詞で過去分詞はvisited。

2 主語がthe towerで過去の文なので，be動詞はwas。buildの過去分詞はbuilt。

3 be動詞isを主語の前に置く。答えの文もbe動詞を使う。

4 〈主語＋is not＋過去分詞 〜.〉の形にする。解答欄の数より短縮形isn'tを使う。

5 時をたずねるのでWhenではじまる疑問文にする。後に受け身の疑問文の語順が続く。

6 「私は音楽を聞くと，幸せになります。」→「音楽を聞くことは私を幸せにします。」〈make＋人・もの＋形容詞〉の形にする。

7 「彼らはその岩をウルルとよびます。」→「彼らはその岩を何とよびますか。」疑問詞はwhatを使う。

❼ 1 was performed「上演された」という受け身の形にfirst「まず最初に」が入り込んだ形。

2 base「〜をもとにする」の受け身の形。be based on 〜「〜をもとにしている」

3 〈want＋人＋to＋動詞の原形〉を使う過去の文。「(人)に〜して欲しかった」の「(人)に」の部分がher「彼女に」となる。

4 no oneが主語となって，文全体が「誰も〜ない」という否定の意味になる。

5 On one hand 〜. On the other hand ....「一方では〜。他方では…。」2つの対照的なものを述べるときに使われる表現。

❽ 1 主語のthe templeに〈be動詞＋過去分詞〉を続ける。is cleanedの後にby volunteers「ボランティアによって」を置く。

2 主語はspeaking English。これに〈make＋人・もの＋形容詞〉を続ける。

3 主語はhis idea。これに〈make＋人・もの＋形容詞〉の語順が続く。「人・もの」の部分がthe partyと「もの」になる文。

4 主語はmy father。これに〈want＋人＋to＋動詞の原形〉の語順が続く。

5 「(人)に〜するように言う」は〈tell＋人＋to

＋動詞の原形〉の語順にする。主語は our coach。told は tell の過去形。

6 「(人)に〜するように頼む」は〈ask＋人＋to ＋動詞の原形〉の語順にする。

❾ 1 She で始まる現在の文なので，be動詞は is を使う。love「〜が大好きである」の過去分詞は loved。「みんなから」＝ by everyone を最後に置く。

2 主語は this novel で過去の文なので，be動詞は was を使う。write の過去分詞は written。「〜前に」＝〜 ago

3 主語は the match。〈make＋人・もの＋形容詞〉を使う過去の文。動詞は過去形の made にする。「わくわくして」＝ excited

4 〈call＋人・もの＋名詞(よばれている名前)〉の形にする。主語は his friends。「人・もの」の部分が代名詞 him になる。

5 〈want＋人＋to＋動詞の原形〉の形を使う。「人」の部分が代名詞 you になる。

6 be inspired by 〜で「〜によって着想がもたらされる」。

pp.62-63　Step ❸

❶ 1 call her　2 from, to　3 don't we

❷ 1 English is spoken in many countries(.)
2 The song makes many people happy(.)
3 My mother told me to wash the dishes(.)

❸ 1 ウ　2 イ　3 エ

❹ 1 ①were born　③each other
2 絵文字は世界中の人々によってさまざまなやり方で使われています。
3 私たちが言葉を選ぶとき／私たちが絵文字を選ぶとき

❺ 1 (例)My house was built five years ago.
2 (例)I want you to play the piano.

考え方

❶ 1 「(人・もの)を〜とよぶ」＝〈call＋人・もの＋名詞(よばれている名前)〉「人・もの」の部分が代名詞の目的格 her となる。
2 「左右に」＝ from side to side

3 「〜しませんか。」＝ Why don't we 〜?

❷ 1 「〜されている」という受け身の文。主語を English にして〈be動詞＋過去分詞〉の語順を続ける。spoken は speak の過去分詞。「多くの国で」＝ in many countries

2 「(人・もの)を〜にする」は〈make＋人・もの ＋形容詞〉の語順にする。「人・もの」の部分が many people。

3 「(人)に〜するように言う」は〈tell＋人＋to＋動詞の原形〉の語順にする。主語は my mother。「皿洗いをする」＝ wash the dishes

❸ 1 「その歌はロジャーズとハマースタインによって書かれました。」「書かれました」は受け身の〈be動詞＋過去分詞〉の形。write の過去分詞は written。

2 「実のところ，ステージは私を緊張させます。」〈make＋人・もの＋形容詞〉の形を使う。

3 「彼女はただ私たちに最善を尽くして欲しいだけです。」〈want＋人＋to＋動詞の原形〉の形を使う。

❹ 1 ①「生まれる」＝ be born
③「お互い」＝ each other

2 they＝emojis　are used by 〜は受け身の形なので「〜によって使われている」という意味になる。people around the world「世界中の人々」，in different ways「さまざまなやり方で」　different の後に複数形の名詞がきて「いろいろな，さまざまな〜」という意味を表す。

3 最後の2文参照。careful「注意深い，慎重な」

❺ 1 「私の家は5年前に建てられました。」過去の受け身の文で表す。「〜前に」＝〜 ago

2 「私はあなたにピアノをひいて欲しいです。」〈want＋人＋to＋動詞の原形〉の「人」の部分を you とし，to play the piano を続ける。

テスト前 ☑ やることチェック表

① まずはテストの目標をたてよう。頑張ったら達成できそうなちょっと上のレベルを目指そう。
② 次にやることを書こう（「ズバリ英語○ページ，数学○ページ」など）。
③ やり終えたら□に✔を入れよう。
　　最初に完ぺきな計画をたてる必要はなく，まずは数日分の計画をつくって，
　　その後追加・修正していっても良いね。

目標

	日付	やること1	やること2
2週間前	／	☐	☐
	／	☐	☐
	／	☐	☐
	／	☐	☐
	／	☐	☐
	／	☐	☐
	／	☐	☐
1週間前	／	☐	☐
	／	☐	☐
	／	☐	☐
	／	☐	☐
	／	☐	☐
	／	☐	☐
	／	☐	☐
テスト期間	／	☐	☐
	／	☐	☐
	／	☐	☐
	／	☐	☐
	／	☐	☐

テスト前 ☑ やることチェック表

① まずはテストの目標をたてよう。頑張ったら達成できそうなちょっと上のレベルを目指そう。
② 次にやることを書こう（「ズバリ英語〇ページ，数学〇ページ」など）。
③ やり終えたら□に✓を入れよう。
　 最初に完ぺきな計画をたてる必要はなく，まずは数日分の計画をつくって，
　 その後追加・修正していっても良いね。

目標

	日付	やること1	やること2
2週間前	／	☐	☐
	／	☐	☐
	／	☐	☐
	／	☐	☐
	／	☐	☐
	／	☐	☐
	／	☐	☐
1週間前	／	☐	☐
	／	☐	☐
	／	☐	☐
	／	☐	☐
	／	☐	☐
	／	☐	☐
テスト期間	／	☐	☐
	／	☐	☐
	／	☐	☐
	／	☐	☐
	／	☐	☐

キリトリ線

英語2年 光村図書版

QRコードのページに登録すると，「ぴたリンク」からも表をダウンロードできるよ

ズバリよくでる → 直前

チェック
BOOK

- テストに**ズバリよくでる**!
- **重要単語・重要文**を掲載!

英語

光村図書版
2年

赤
シートで
何度でも!

Unit 1 Hajin's Diary

✓ 重要語 チェック 英単語を覚えましょう。

□日記	名diary	□興奮して, わくわくして	形excited
□readの過去形	動read	□手が空いている, 暇な	形free
□rideの過去形	動rode	□漫画雑誌[本]	名comic book
□ジェットコースター	名roller coaster	□〔複数形で〕甘い菓子	名sweet
□夜	名night	□怒った, 腹を立てた	形angry
□眺め, 景色	名view		
□恐ろしい, 怖い	形scary	□不安で, 緊張して	形nervous
□すばらしい	形fantastic	□曇った	形cloudy
□〔疑問文で〕どこかへ[で]	副anywhere	□私自身を[に]	代myself
□トーナメント	名tournament	□〜を注文する	動order
□〜に指導する, 〜のコーチをする	動coach	□驚いた	形surprised
		□夕方, 晩〔通例午後6時頃から〕	名evening
□名誉なこと, 光栄なこと	名honor	□パンフレット	名pamphlet
□ラジオ(放送, 番組)	名radio		
□そのとき	副then		
□(テレビ・ラジオの)番組	名program		
□〔期間を表す語の後に置いて〕〜前に	副ago		
□明るく日の照る, 晴れた	形sunny		
□今日(は)	副today		
□贈り物, 土産物	名gift		
□すごい, とてもいい	形awesome		
□comeの過去形	動came		

✓ 重要文 チェック 日本語を見て英文が言えるようになりましょう。

□私はプサンへ行きました。	I <u>went</u> to Busan.
□私は私の祖父母を訪ねました。	I <u>visited</u> my grandparents.
□韓国_{かんこく}への旅行はどうでしたか。	How <u>was</u> your trip to Korea?
□彼_{かれ}らはみんな日本に興味を持っ ていました。	They <u>were</u> all interested in Japan.
□あなたはここで何をしていまし たか。	What <u>were</u> you <u>doing</u> here?
一私は日本語を勉強していまし た。	一I <u>was studying</u> Japanese.
□私がそこで勉強していたとき, エリが立ち寄りました。	<u>When</u> I was studying there, Eri <u>came by</u>. =Eri <u>came by</u> <u>when</u> I was studying there.
□私は日記をつけています。	I <u>keep</u> a <u>diary</u>.
□久しぶりですね。	<u>Long time no see</u>.
□お会いできてうれしいです。	<u>Good to see you</u>.
□ほかに何かありますか。	<u>What else</u>?
□そこにいたのですね。	<u>There you are</u>!
□私は彼を探しています。	I <u>am looking for</u> him.
□〔同意を示して〕そうですよね。	I <u>know</u>.
□あなたは音楽が好きですよね。	You like music, <u>right</u>?
□私を助けてくれませんか。	<u>Can you</u> help me?
□なんて光栄なんだ。	<u>What</u> an honor!
□昨夜,あなたは何をしましたか。	What did you do <u>last night</u>?
□今朝,おじが立ち寄りました。	My uncle <u>came by</u> this morning.
□私は彼に援助_{えんじょ}を頼_{たの}みました。	I <u>asked</u> him <u>for</u> help.
□私はときどき友達と話します [に相談します]。	I sometimes <u>talk with</u> my friends.
□私は午後に部屋を掃除_{そうじ}しました。	I cleaned my room <u>in the afternoon</u>.
□あなたは夕方に[晩に]テレビを 見ましたか。	Did you watch TV <u>in the evening</u>?

✓ 重要語チェック 英単語を覚えましょう。

[Unit 2]

□ 具合が悪い，正常でない　形wrong

□（ボール）をパスする／パス，送球　動名pass

□ 問題，課題　名problem

□ 初心者　名beginner

□ 簡単な，容易な，楽な　形easy

□ 重要な，大切な　形important

□ こと，もの　名thing

□ 最近，ついこの間　副recently

□ さらに多くの　形more

□〔成績・競技などの〕点数　名point

□ シュートする　動shoot

□ ～を止める　動stop

□ 通訳(者)　名interpreter

□ シェフ，料理長　名chef

□ パン職人，パン[ケーキ]屋の主人　名baker

□ 運転する人，(バスなどの)運転手　名driver

□ 医者　名doctor

□（飛行機などの）操縦士,パイロット　名pilot

□ 警官　名police officer

□ 科学者　名scientist

□〔複数形で〕みんな，君たち　名guy

□ 仕事，作業　名job

□ 自転車　名bicycle

□ ～を絵の具で描く　動paint

□ 難しい，困難な　形difficult

□ 城　名castle

□（長編）小説　名novel

□ チームワーク，協力　名teamwork

[Daily Life 1]

□ バス停　名bus stop

□ サイクリング，自転車に乗ること　名cycling

✓ 重要文チェック 日本語を見て英文が言えるようになりましょう。

[Unit 2]

□ 私はバスケットボールをすることが好きではありません。
I don't like <u>playing</u> basketball.

□ 私はボールをパスすることが上手ではありません。
I'm not good at <u>passing</u> the ball.

4

□ボールをパスすることは簡単ではありません。

Passing the ball isn't easy.

□ハジンはシュートしたいと思っています。

Hajin wants to shoot.

□大切なことはハジンにボールをパスすることです。

The important thing is to pass the ball to Hajin.

□私は，あなたたちはすばらしい仕事をしたと思います。

I think (that) you did a good job.

□私は，きっとあなたは今はバスケットボールをすることが好きだと思います。

I'm sure (that) you like playing basketball now.

□どうかしたのですか。

What's wrong?

□問題ありません。

No problem.

□最善を尽くしなさい。

Do your best.

□私は速く走ろうと試みました。

I tried to run fast.

□うまくいきました。

It worked!

□おめでとうございます。

Congratulations!

□やりましたね。

You did it!

□あなたのおかげで，私たちは幸せです。

Thanks to you, we're happy.

□私は父を誇りにしています。

I am proud of my father.

□あなたはどんな種類の音楽が好きですか。

What kind of music do you like?

[Daily Life 1]

□〔電話で〕ビルさんに代わっていただけますか。

May I speak to Bill, please?

□私と来てくれませんか。

Can you come with me?

□〔電話で〕こちらはケンです。

This is Ken.

□〔電話で〕こちらはユミです。

This is Yumi speaking.

□どうしたの〔何があったの〕。

What's up?

5

☑ 重要語 チェック 英単語を覚えましょう。

□計画，予定	名plan	□〜を信じる，	動believe
□像	名statue	〜を本当のことだと思う	
□自由	名liberty	□スーツケース	名suitcase
□冗談を言う， からかう	動kid	□もし〜ならば	接if
□本気の，真剣な	形serious	□車で行く， 車を運転する	動drive
□明日(は)	名副tomorrow	□(寄り道をしないで) まっすぐに，じかに	副straight
□テニス	名tennis		
□定期航空便(の飛行 機)，フライト	名flight	□ピザ	名pizza
		□非常に空腹な	形starving
□〜を終える， 〜し終える	動finish	□中央にある	形central
		□劇場	名theater
□荷造りをする	動pack	□Eメール，電子メール	名e-mail
□(ある場所に)到着する	動arrive	□今夜，今晩	副tonight
□空港	名airport	□〜を(無料で)借りる	動borrow
□〜を忘れる	動forget	□衣服 身に着けるもの	名clothes
□サングラス	名sunglasses		
□天気，天候	名weather	□(通常小さな)店	名shop
□雲	名cloud	□午後	副p.m.
□雨	名rain	□〜として	前as
□雨の，雨降りの	形rainy	□土産	名souvenir
□雪の，雪の降る	形snowy	□情報	名information
□風	名wind	□(声を出して)笑う	動laugh
□風の強い，風のある	形windy	□大きな声[音]で	副loud
□予報	名forecast		
□(乗物の)乗客，旅客	名passenger		
□〔船・飛行機・列車・ バスなどに〕乗り込む	動board		
□(旅客機の)客室乗務員	名flight attendant		

6

✓ 重要文 チェック 日本語を見て英文が言えるようになりましょう。

□私は沖縄のいとこたちを訪ねる
つもりです。

□あなたはいとこたちを訪ねるつ
もりですか。
　―はい, 訪ねるつもりです。／ いい
　え, 訪ねるつもりではありません。

□暑い夏になるでしょう。

□暑い夏になるでしょうか。
　―はい, なるでしょう。／ いい
　え, ならないでしょう。

□もしあなたが空腹なら, ピザを
買いに行くことができます。

□私はこの夏, 旅行に出かけるでしょう。

□私はテニスをしたいです。

□彼と話をしたらどうですか。

□冗談でしょう[まさか]。

□パーティーは明後日です。

□私の両親があなたによろしくと
言っています。

□じゃあ, また。

□食べ物を買いに行きましょう。

□私は家に帰る途中でエミに会い
ました。

□おなかがぺこぺこです。

□今日ピクニックをしましょう。

□私を博物館へ連れていってください。

□彼はいつ駅に到着しましたか。

□ではまた[じゃあね]。

I'm going to visit my cousins in
Okinawa.

Are you going to visit your cousins?

― Yes, I am. / No, I'm not.

It will be a hot summer.

Will it be a hot summer?

― Yes, it will. / No, it won't.

If you're hungry, we can go for a pizza.
 = We can go for a pizza if you're
hungry.

I will go on a trip this summer.

I'd like to play tennis.

Why don't you talk with him?

Are you kidding?

The party is the day after tomorrow.

My parents say hi to you.

Take care.

Let's go for some food.

I saw Emi on the way home.

I'm starving!

Let's have a picnic today.

Please take me to the museum.

When did he arrive at the station?

See you soon.

教 pp.42～50

✓ 重要語 チェック 英単語を覚えましょう。

[Let's Read 1]

□かつて，昔　　　　　副once

□男の子，少年　　　名boy

□～を見つける，　　動find
　発見する

□findの過去形　　　動found

□赤ちゃん　　　　　名baby

□成長する，大きくなる，動grow
　育つ

□sayの過去形　　　動said

□娘　　　　　　　　名daughter

□一部分　　　　　　名part

□町　　　　　　　　名town

□〔事が〕始まる　　動begin

□runの過去形　　　動ran

□～を置いて[残して]動leave
　いく

□(男の)部下　　　　名man

□～を蹴る　　　　　動kick

□〔事が〕起こる，生じる動happen

□fallの過去形　　　動fell

□すばやく，ただちに副quick

□外に[へ・て]　　　副outside

□傷ついた　　　　　形injured

□死ぬ　　　　　　　動die

□～することができた助could

□ついに，やっとのこ副finally
　とで，ようやく

□夢を見る　　　　　動dream

□毛，髪の毛　　　　名hair

□～てあるかのような気動feel
　がする，～だと感じる

□～を感動させる　　動move

□心，感情　　　　　名heart

[World Tour 1]

□footの複数形　　　名feet

□メートル〔長さの単位〕名meter

[You Can Do It! 1]

□女の子，少女　　　名girl

□国　　　　　　　　名country

□～を分かち合う　　動share

□～に含まれて　　　前among

[Daily Life 3]

□大きい，広い　　　形large

□トマト　　　　　　名tomato

□パン　　　　　　　名bread

□大きさ　　　　　　名size

□喉が渇いた　　　　形thirsty

✓ 重要文 チェック 日本語を見て英文が言えるようになりましょう。

[Let's Read 1]

□昔々，ある家族が山に住んでいました。

Once upon a time, a family lived in a mountain.

□私は毎日弟の世話をします。

I take care of my brother every day.

□その犬は成長しました。

The dog grew up.

□私はその行事に参加したいです。

I want to take part in the event.

□あなたはここでバスに乗ることができます。

You can get on a bus here.

□早く帰宅してください。

Please go home soon.

□家を彼らから取り上げないでください。

Please don't take their house away from them.

□私はその馬に乗ろうと試みました。

I tried to ride on the horse.

□なぜペンが机から落ちたのですか。

Why did the pen fall off the desk?

□彼らは走り去りました。

They ran away.

□私は踊り続けたかったです。

I wanted to keep on dancing.

□私たちは紙から多くのものを作ることができます。

We can make many things out of paper.

[You Can Do It! 1]

□私はその犬の写真を撮りました。

I took a photo of the dog.

□私たちはその情報をあなたと分かち合おうと思います。

We will share the information with you.

[Daily Life 3]

□注文をうかがいましょうか。
　―はい，お願いします。

Shall I take your order?
— Yes, please.

□飲み物はいかがですか。

Would you like some drinks?

□それらを今，持ってきてくれませんか。

Will you bring them now?

□すぐ戻って来ます。

I'll be right back.

9

教pp.51～61

☑重要語チェック 英単語を覚えましょう。

[Unit 4]

□ツアー，見学	名tour
□都市，都会	名city
□島	名island
□フェリー，連絡船	名ferry
□～を確かめる	動check
□身長[高さ]が～ある	形tall
□重さ，重量	名weight
□～をしっかり持っている	動hold
□手	名hand
□〔the ～〕過去，昔	名past
□～を誘導する	動guide
□(大型の)船	名ship
□歴史	名history
□旗	名flag
□いつでも，いつも	副anytime
□何か，何かあるもの[こと]	代something

□カフェ，喫茶店	名cafe
□市場	名market
□書店，本屋	名bookstore
□運動	名exercise
□中心，真ん中	名center
□自然	名nature
□～を(有料で)借りる	動rent
□例	名example
□コンサート，音楽会	名concert
□そのような，そんな	形such

[Daily Life 4]

□～通り，～街，(町の)通り	名street
□～に沿って	前along
□左	名left

[Active Grammar 4]

| □giveの過去形 | 動gave |
| □～を送る | 動send |

☑重要文チェック 日本語を見て英文が言えるようになりましょう。

[Unit 4]

□その島へのフェリーがあります。 <u>There is</u> a ferry to the island.

□その島へのフェリーがありますか。 <u>Is there</u> a ferry to the island?

　―はい，あります。／いいえ，ありません。 ― Yes, <u>there is</u>. ／ No, <u>there isn't</u>.

□ブロードウェイには多くの劇場があります。 <u>There are</u> a lot of theaters on Broadway.

□私にパンフレットを見せてください。 <u>Show me</u> the leaflet.

教pp.51〜61

□これはあなたにその像の歴史を伝えます。

This **tells** **you** the history of the statue.

□ここにはとても多くのするべき楽しいことがあります。

There are so many fun things **to** **do** here.

□あなたには泊まるための場所があります。

You have a place **to** **stay**.

□あなたは計画を立てましたか。

Did you **make** **a** **plan**?

□私は美術館を調べようと思います。

I will **check** **out** the museum.

□過去に人々がこの島に住んでいました。

People lived in this island **in** **the** **past**.

□彼はすぐに戻るでしょう。

He will **come** **back** soon.

□まず最初に，この写真を見てください。

First **of** **all**, look at this picture.

□私はスポーツが好きです。たとえば，週末にはテニスかサッカーをします。

I like sports. **For** **example**, I play tennis or soccer on weekends.

□彼は日本の食べ物，たとえばそばや豆腐が好きです。

He likes Japanese food, **such** **as** *soba* and tofu.

[Daily Life 4]

□メトロポリタン美術館への道を教えていただけませんか。

Could **you** **tell** **me** **the** **way** **to** the Metropolitan Museum of Art?

□地下鉄の駅にはどのようにして行く[着く]ことができますか。

How **can** **I** **get** **to** a subway station?

□51番街まで行くのにどのくらい（時間が）かかりますか。

How **long** **does** **it** **take** to get to 51st Street?

□〔人に話しかけて〕すみません。

Excuse **me**.

□生徒たちは次の駅で降りましたか。

Did the students **get** **off** at the next station?

□私の家はこの近くにあります。

My house is **near** **here**.

□〔お礼の言葉に答えて〕どういたしまして。

You're **welcome**.

教pp.63〜74

✓ 重要語 チェック 英単語を覚えましょう。

[Unit 5]

□地震	名earthquake
□行動	名action
□〜を学ぶ	動learn
□集団, グループ	名group
□揺れる, 振動する	動shake
□郵便, 郵便物	名post
□郵便局	名post office
□浴室, トイレ	名bathroom
□〜を閉じる, 閉める	動close
□ドア, 戸, 扉	名door
□静かに, そっと	副quietly
□(さっと)体を低くする	動drop
□〜を覆う	動cover
□無事な, 無傷な	形safe
□ひざ	名knee
□(部屋などの)壁	名wall
□頭, 頭部	名head
□首	名neck
□両方の, 双方の	形both
□腕	名arm
□すぐに, 即座に	副quickly
□押す	動push
□〜の中へ	前into
□木, 樹木	名tree
□〜を用意[準備]する	動prepare
□役に立つ, 有用な	形useful
□〜(の状態)になる	動become
□一員, メンバー	名member

□薬, 薬剤	名medicine
□タオル	名towel
□理由, わけ	名reason

[Daily Life 5]

□森林, 森	名forest
□庭, 庭園	名garden
□午前	副a.m.
□中古(品)の	形used
□ボランティア	名volunteer
□〜に参加する	動join
□何も[少しも]〜ない	代nothing
□(時間)を過ごす	動spend
□まるごとの, 全ての	形whole
□〔肯定文で〕誰か	代someone

[Daily Life 6]

□(人・顔などが)青白い	形pale
□病気の, 具合が悪い	形sick
□頭痛	名headache
□会議, 会合	名meeting
□〜を説明する	動explain
□状況	名situation
□(手の)指	名finger
□ナイフ, 包丁	名knife
□痛む, 痛い	動hurt

12

✓ 重要文 チェック 日本語を見て英文が言えるようになりましょう。

[Unit 5]

□あなたたちはかがまなければなりません[かがむ必要があります]。

You <u>have to</u> get down.

□あなたたちはかばんを持っていく必要がありません。

You <u>don't have to</u> take your bags.

□あなたは冷静でいなければなりません。

You <u>must</u> stay calm.

□あなたは集団から離れてはいけません。

You <u>must not</u> leave your group.

□私たちは懐中電灯を荷物に入れるべき[入れた方がよい]です。

We <u>should</u> pack a flashlight.

□猫のえさを忘れない方がよいです[忘れるべきではありません]。

You <u>shouldn't</u> forget some cat food.

□テーブルの下でかがみなさい。

<u>Get down</u> under the table.

□知りません。

I <u>don't know</u>.

□テーブルにしがみつきなさい。

<u>Hold on</u> to the table.

□その動物から離れていなさい。

<u>Stay away from</u> the animal.

□その部屋に入りましょう。

Let's <u>go into</u> the room.

□彼らは集団で移動します。

They move <u>in a group</u>.

[Daily Life 5]

□パーティーで楽しみましょう。

<u>Let's have fun</u> at the party.

□彼は練習するのに2時間を使います。

He <u>spends</u> 2 hours <u>on</u> practicing.

[Daily Life 6]

□私は，あなたは帰宅して，寝るべきだ[寝た方がいい]と思います。

I think you <u>should</u> go home and go to bed.

□私は朝食後に薬を飲みます。

I <u>take some medicine</u> after breakfast.

□無理をしないで。

<u>Take it easy</u>.

[Active Grammar 6]

□出発しませんか。

<u>Shall we</u> leave?

Unit 6 Work Experience ～ You Can Do It! 2

教pp.75～93

✓ 重要語チェック 英単語を覚えましょう。

[Unit 6]

□体験／～を経験する	名動experience	□東，東方	名east
□～を通じて，～によって	前through	□地域	名area
□言語	名language	□毎日の，日々の	形everyday
□外国に[へ・で]	副abroad	□スケートをする	動skate
□気持ちを伝え合う	動communicate	□～を支援する	動support
□教える	動teach	□～を受ける，受け取る	動receive
□立っている，立ち上がる	動stand	□～を続ける	動continue
□子供	名child	□高校	名high school
□childの複数形	名children	□～を始める	動start
□～を払う	動pay	□トレーニングをする	動train
□注意，注目，配慮	名attention	□speakの過去形	動spoke
□(人を)驚かせるような	形surprising	□理解する，わかる	動understand
□再び，もう一度	副again	□意見，考え	名opinion
□うれしく思う	形glad	□間違い，誤り	名mistake
□試験，テスト	名exam	□金の	形gold
□週	名week	□～を気にする	動mind
□～て負ける，敗れる	動lose	□～に挑む	動challenge
□試合	名match	□becomeの過去形	動became
□触れること，接触／～に触れる，触る	名動touch	**[World Tour 2]**	
□～を紹介する	動introduce	□thinkの過去形	動thought
□質問，問い	名question	□話，説明	名story
□～に答える	動answer	□(製品)を製造する	動produce
□海	名sea	□～を決める，決定する	動decide
□生きている	形living	□会社，商売，事業	名business
□それにもかかわらず	副anyway	□ただ～だけ	副only
[Let's Read 2]		□店	名store
□[複数形で]発言，言葉	名word	□彼自身	代himself
		□広まる	動spread
		□持ち主，所有者	名owner

14

[You Can Do It! 2]

□農場経営者，農場主 图farmer
□〜を表現する 動express
□注意深い，慎重な 形careful

□顔 图face
□〜まで 前till
□空気 图air
□エンジニア，技師 图engineer

重要文 チェック 日本語を見て英文が言えるようになりましょう。

[Unit 6]

□彼はあなたを手伝うためにここにいます。
He's here <u>to</u> <u>help</u> you.

□私は海外を旅行するために英語を勉強しています。
I study English <u>to</u> <u>travel</u> abroad.

□私たちは英語で話したので，よく理解し合うことができました。
We were able to communicate well <u>because</u> we talked in English.

□私はそれを聞いてうれしく思います。
I'm glad <u>to</u> <u>hear</u> that.

□私は私の学校について話します。
I'll <u>talk</u> <u>about</u> my school.

□私は彼が宿題をするのを手伝いました。
I <u>helped</u> him <u>with</u> his homework.

□私は彼に会うことができました。
I <u>was able to</u> see him.

□練習を続けなさい。
<u>Keep practicing</u>.

□私は1日に3回彼女に会います。
I see her three <u>times</u> <u>a</u> <u>day</u>.

□あなたは彼に注意を払うべきです。
You should <u>pay</u> <u>attention</u> <u>to</u> him.

□彼女は試験に受かりましたか。
Did she <u>pass</u> <u>the</u> <u>exam</u>?

[Let's Read 2]

□私は雪が原因で家にいました。
I was at home <u>because</u> <u>of</u> the snow.

□最初は，私は日本語を話すことができませんでした。
<u>At</u> <u>first</u>, I couldn't speak Japanese.

□他方で，それは容易に入手することができません。
<u>On</u> <u>the</u> <u>other</u> <u>hand</u>, we can't get it easily.

□彼女は最高の状態でした。
She <u>was</u> <u>at</u> <u>her</u> <u>best</u>.

□彼らはいつも私の味方でした。
They <u>were</u> always <u>on</u> <u>my</u> <u>side</u>.

15

✓ 重要語 チェック 英単語を覚えましょう。

[Unit 7]

□大陸	名continent	
□自然の，天然の	形natural	
□美しさ	名beauty	
□唯一の，独特の	形unique	
□南の，南にある	形southern	
□(地球の)半球	名hemisphere	
□〜よりも	前接than	
□人口	名population	
□事実	名fact	
□深い	形deep	
□湖	名lake	
□川，河川	名river	
□クイズ	名quiz	
□(〜の中で)最も	副most	
□ラグビー	名rugby	
□オーストラリアの	形Australian	
□フットボール	名football	
□岩	名rock	
□塔，タワー	名tower	
□ピラミッド	名pyramid	
□ちょうど，まさしく	副exactly	
□巨大な	形huge	
□神聖な	形sacred	
□場所，遺跡	名site	
□アボリジナル	名Aboriginal people	
□弁当箱	名lunchbox	
□人形	名doll	
□値段が高い，高価な	形expensive	

□防壁	名barrier	
□岩礁	名reef	
□サンゴ	名coral	
□体系	名system	
□地球	名earth	
□目に見える	形visible	
□イルカ	名dolphin	
□ウミガメ，カメ	名turtle	
□クジラ	名whale	
□ジュゴン	名dugong	
□100万(の)	名形million	
□観光客	名tourist	
□スキューバ・ダイビング	名scuba diving	
□シュノーケリング	名snorkeling	
□なべ	名pot	

[Daily Life 7]

□温泉	名hot spring	
□果物	名fruit	
□ブドウ	名grape	
□モモ	名peach	
□その土地の，地元の	形local	
□野菜	名vegetable	
□文化	名culture	
□村，村落	名village	
□県	名prefecture	
□国家の，自国の，国内の	形national	
□宝物，重要品	名treasure	
□歴史の，歴史上の	形historical	
□英雄	名hero	

✓ 重要文 チェック 日本語を見て英文が言えるようになりましょう。

[Unit 7]

□オーストラリアは日本よりも大きいです。

Australia is <u>larger than</u> Japan.

□オーストラリアは世界でいちばん大きい島です。

Australia is <u>the largest</u> island in the world.

□オーストラリアではラグビーはサッカーよりも人気があります。

Rugby is <u>more popular than</u> soccer in Australia.

□オーストラリアではどのスポーツがいちばん人気がありますか。

Which sport is <u>the most popular</u> in Australia?

□ウルルは東京タワーと同じくらい高いです。

Uluru <u>is as tall as</u> Tokyo Tower.

□自由の女神像は東京タワーほど高くありません。

The Statue of Liberty <u>is not as tall as</u> Tokyo Tower.

□私たちの町は美しい寺で有名です。

Our town <u>is famous for</u> its beautiful temple.

□サッカーが好きな人がいる一方で，好きでない人もいます。

<u>Some</u> like soccer. <u>Others</u> don't.

□実際は，彼はパーティーを楽しんでいます。

<u>In fact</u>, he is enjoying the party.

□10は50の5分の1です。

10 is <u>one fifth of</u> 50.

□なかなかいいよ，ケン。

<u>Not bad</u>, Ken.

□そのとおり。

<u>Exactly</u>!

□私は200冊より多くの漫画本を持っています。

I have <u>more than</u> 200 comics.

□生徒の1人が私を手伝いました。

<u>One of</u> the students helped me.

Unit 8 Staging a Musical 〜 Let's Read 3

教pp.107〜123

✓ 重要語 チェック 英単語を覚えましょう。

[Unit 8]

□writeの過去分詞	動written
□場面，シーン	名scene
□speakの過去分詞	動spoken
□中国語	名Chinese
□〜を建てる	動build
□絵，絵画	名painting
□叫び，悲鳴	名scream
□(役を)演じる	動act
□実は，実際のところ	副actually
□公演，上演	名performance
□軽食，間食，おやつ	名snack
□星	名star
□沿岸，海岸	名coast
□〜を破壊する，〜を飛ばす	動blow
□blowの過去形	動blew
□みんな，全ての人	代everybody
□カメラ	名camera
□手品	名magic tricks
□〜をもとにする	動base
□(男の)魔法使い	名wizard
□サンフランシスコ	名San Francisco
□〔劇などで〕役	名role
□魔女	名witch
□全く，すっかり	副totally
□ひとりぼっちの	形lonely
□誰も〜ない	代no one
□(人)を信用する	動trust

[Daily Life 8]

□時代	名period
□南から吹く	形south
□空	名sky
□波／手を振る	名動wave
□土砂降り，集中豪雨	名rainstorm
□〜の下に	前beneath
□頂上	名summit

[Let's Read 3]

□〜を発明する，考案する	動invent
□携帯電話	名cellphone
□辞書，辞典	名dictionary
□chooseの過去形	動chose
□〔通例sを付けて〕涙	名tear
□喜び，うれしさ，歓喜	名joy
□オンラインの	形online
□会話	名conversation
□顔の	形facial
□表情	名expression
□便利な，都合のよい	形convenient
□違い，相違	名difference
□意味	名meaning
□〜を意味する	動mean
□拍手する	動clap
□祈る	動pray
□よい，前向きの	形positive
□悪い，後ろ向きの	形negative
□〜の原因となる	動cause

18

□〔文頭で〕第二に	副secondly		□スペイン語	名Spanish
□〔ある言語を〕話す人	名speaker		□スペイン	名Spain
□よく，たびたび	副often		□哺乳類	名mammal
□アラビア語(の)	名形Arabic		□衣類，衣料品	名clothing
□フランス語	名French		□結婚式，婚礼	名wedding
□下の[に・へ・を]	副below		□時計	名clock
□～を表す，示す，映す	動reflect		□～を誤解する	動misunderstand

✓ 重要文 チェック 日本語を見て英文が言えるようになりましょう。

[Unit 8]

□それは今でも世界中で上演されています。
It's still <u>performed</u> all over the world.

□その歌はロジャーズとハマースタインによって書かれました。
The songs <u>were</u> <u>written</u> <u>by</u> Rodgers and Hammerstein.

□ステージは私を緊張させます。
The stage <u>makes</u> <u>me</u> <u>nervous</u>.

□私たちは私たちの猫をフェリックスとよびます。
We <u>call</u> <u>our</u> <u>cat</u> Felix.

□彼女は私たちに最善を尽くして欲しいと思っています。
She <u>wants</u> <u>us</u> <u>to</u> do our best.

□いずれにせよ，あなたは東京に行かなければなりません。
<u>In</u> <u>any</u> <u>case</u>, you have to go to Tokyo.

□それは左右に動きます。
It moves <u>from</u> <u>side</u> <u>to</u> <u>side</u>.

□その歌をはじめから歌いましょう。
Let's sing the song <u>from</u> <u>the</u> <u>top</u>.

□私たちはお互いを理解しています。
We understand <u>each</u> <u>other</u>.

[Let's Read 3]

□彼は私の助けを必要としています。それが私がここに来た理由です。
He needs my help. <u>That's</u> <u>why</u> I came here.

□あなたと私のどちらも速く走ります。
<u>Both</u> you <u>and</u> I run fast.

□私の父は大阪で生まれました。
My father <u>was</u> <u>born</u> in Osaka.

A

光村図書版・中学英語2年